Cal Newport

[美]卡尔·纽波特 著 宋伟 译

如何有效使用每一点脑力
Rules for Focused Success in a Distracted World

Deep Work
深度工作

民主与建设出版社
·北京·

目　录

前　言 ⋯⋯⋯⋯⋯⋯⋯⋯⋯⋯⋯⋯⋯⋯⋯⋯⋯⋯⋯ 1

第一部分　理论 ⋯⋯⋯⋯⋯⋯⋯⋯⋯⋯⋯⋯⋯⋯⋯⋯⋯ 1

第1章　深度工作是有价值的 ⋯⋯⋯⋯⋯⋯⋯⋯⋯⋯ 3

　　高级技术工人　6

　　超级明星　7

　　所有者　9

　　如何在新经济形势下成为赢家　11

　　深度工作帮助你迅速掌握困难的事物　15

　　深度工作有助于精英级产出的实现　20

　　杰克·多西是怎么回事　26

第2章　深度工作是少见的 ⋯⋯⋯⋯⋯⋯⋯⋯⋯⋯⋯ 31

　　度量黑洞　35

　　最小阻力原则　38

　　忙碌代表生产能力　42

　　对互联网的顶礼膜拜　47

　　对生意来讲是坏事，对个人来讲是好事　51

第3章　深度工作是有意义的 ⋯⋯⋯⋯⋯⋯⋯⋯⋯⋯ 53

　　从神经学角度论证深度　57

从心理学角度论证深度 63

从哲学角度论证深度 66

深度智人 72

第二部分 准则 ·· 75

准则 1 工作要深入 ····································· 77

选定你的深度哲学 83

禁欲主义哲学（Monastic Philosophy）的深度工作日程安排 85

双峰哲学（Bimodal Philosophy）的深度工作日程安排 89

节奏哲学（Rhythmic Philosophy）的深度工作日程安排 92

新闻记者哲学（Journalistic Philosophy）的深度工作日程安排 95

习惯化 99

要有大手笔 103

不要独自工作 107

像经商一样执行 116

原则 1：将关注点放到极端重要的事情上 118

原则 2：抓住引领性指标 119

原则 3：准备一个醒目的计分板 120

原则 4：定期问责 121

图安逸 123

原因 1：安逸时光有助于提升洞察力 125

原因 2：安逸时光有利于补充深度工作所需的能量 127

原因 3：晚间安逸时光里放下的工作往往没有那么重要 130

准则 2 拥抱无聊 ····································· 136

不要不断分心，而要不断专注 141

像罗斯福一样工作　147

有成果的冥想　150

　　建议 1：小心分心和原地打转　152

　　建议 2：组织你的深度思考　153

记住一副牌　154

准则 3　远离社交媒体 ································· 160

在你的网络使用习惯中采用关键少数法则　171

戒掉社交媒体　181

不要用网络来消遣　187

准则 4　摒弃浮浅 ································· 192

一天的每一分钟都要做好计划　198

定量分析每一项活动的深度　204

向老板申请浮浅工作预算　208

下午 5 点半之前结束工作　211

变得不容易联系到　217

　　贴士 1：让发电子邮件给你的人做更多工作　218

　　贴士 2：收发电子邮件的时候做更多工作　223

　　贴士 3：不要回复　228

结　论 ································· 232

注　释 ································· 239

前　言

在瑞士圣加仑（Swiss canton of St. Gallen），靠近苏黎世湖（Lake Zurich）北岸，有一个名为伯林根（Bollingen）的村庄。1922 年，心理学家卡尔·荣格（Carl Jung）选择在这里建起居所。最开始他建起一座简单的两层石头房子，将其称作"塔楼"。在一次印度之行中，他发现当地人有在家里开辟冥想屋的习俗，那次旅行之后，他便在自己的住所中开辟了一座私人办公室。"在休息室时，我可以独处。"荣格这样评述这个房间，"我随时都带着钥匙；没有我的允许，任何人都不得进入这个房间。"

记者梅森·柯里（Mason Currey）在他的著作《创作者的一天世界》（*Daily Rituals*）中整理了各种关于荣格的材料，重现了这位心理学家在塔楼中的工作习惯。柯里在书中写道，荣格会在早上 7 点起床，吃一顿丰盛的早餐，然后在私人办公室中度过两个小时不被人打扰的写作时间。下午，他通常会冥想或在周围的乡村长时间漫步。塔楼里没有电，因此日光暗去、夜色朦胧之时，油灯为亮，壁炉送暖。荣格会在晚上 10 点上床休息。他说："从一开始，我就感觉能够在这座塔楼里得到很好的休息和恢复。"

尽管我们很容易将伯林根塔楼看作度假屋，但是回顾荣格的职业生涯，人们会发现，这座湖边居所显然并非为躲避工作而建。1922 年，荣格买下这片地产的时候还无暇度假。仅仅一年之前，在 1921 年，他发表了重要著作《心理类型》（*Psychological Types*），总结了长久以来与曾经的好友兼导师西格蒙德·弗洛伊德（Sigmund Freud）思想的诸多差异。在 20 世纪 20 年代，质疑弗洛伊德的思想是很大胆的举动。想要支撑自己的著作，荣格需要保持清醒的状态，创作出一系列有见地的文章和著作，进一步支持和发展分析心理学（Analytical Psychology）。他后来也被称作分析心理学的创始人。

荣格在苏黎世期间开展演讲和心理咨询，一直很忙碌，这一点很明显。但是他并不满足于简单的忙碌生活。他想要改变我们对潜意识的认识，而这个目标需要更深入、更缜密的思考，这在忙碌的都市生活方式下是做不到的。所以荣格隐居到伯林根，并非逃离职业生活，而是为了职业生涯的发展。

卡尔·荣格后来成为 20 世纪最具影响力的思想家之一。当然，他最终的成功背后有很多原因，但是在本书中，我的兴趣点会落在下述这项技能上，而这项技能显然对他的成就起到了至关重要的作用：

深度工作（Deep Work）：在无干扰的状态下专注进行职业活动，使个人的认知能力达到极限。这种努力能够创造新价值、提升技能，而且难以复制。

深度工作是唤醒你当前智力水平下的每一点价值所必需的。经过心理学和神经科学方面的数十年研究，我们认识到，伴随深度工作而来的精神紧张状态对于提升我们的能力也是必需的。换言之，想要在诸如 20 世纪初期学院精神病学等需要极高认知能力的领域鹤立鸡群，深度工作恰恰是我们所需要的。

"深度工作"的概念是我创造出来的，而非卡尔·荣格的说法，但是他在这段时间里的做法却像是理解了其中深意。荣格在树林中用石头建起一座塔楼，以此实现职业生活中的深度工作——这项任务要求投入时间、精力和金钱。塔楼生活也使他抛开了短期利益。恰如梅森·柯里所写的，频繁住在伯林根的行为，减少了他的诊疗工作，但要注意："尽管有很多病人依赖荣格诊疗，但他还是不惜抽身离开。"尽管优先考虑深度工作是一种负担，但对于他改变世界的目标却是至关重要的。

其实，如果探究一番远近历史中其他重要人物的生活，你会发现，深度工作在他们身上是非常普遍的。比如 16 世纪的散文家米歇尔·德·蒙田（Michel de Montaigne）早在荣格之前就在远离自己法国城堡石墙的南塔楼区建起了一座私人图书馆，而马克·吐温（Mark Twain）的《汤姆·索亚历险记》大部分都在纽约库阿里农场的一间小屋里完成，当时他在那里消夏。吐温的书房离主要房屋区太远，以至于他的家人要吹号吸引他的注意力，召唤他去吃饭。

历史向前推移，就可以看到剧作家、导演伍迪·艾伦（Woody Allen）了。在 1969–2013 年这 44 年的时间里，伍迪·艾伦编写并导演了 44 部电影，获得 23 项奥斯卡奖提名——对于电影艺术作品而言，这个比例高得惊人。在这段时期里，艾伦一直没有电脑，所有写作都不受电子设备的干扰，而是在一台德国奥林匹亚 SM3 型号的手动打字机上完成。此外，和艾伦一样拒绝使用电脑的还有理论物理学家彼得·希格斯（Peter Higgs），他在几乎与世隔绝的环境下工作，在他获得诺贝尔奖的消息传出后，记者都找不到他。J.K. 罗琳（J.K. Rowling）确实会使用电脑，但是广为人知的是，她在写作《哈利·波特》小说期间会远离社交媒体，尽管这段时间恰逢科技迅猛发展，公众人物也多对此趋之若鹜。罗琳手下的工作人员最终还是在 2009 年秋天用她的名字开设了推特账户，当时她正在写作《偶发空缺》(*The Casual Vacancy*)，开设账户之后的头一年半里，她只发布了一条推特消息："这是我的实名账户，但恐怕我不会经常发声，因为当前纸和笔仍是我的最爱。"

当然，深度工作不仅仅局限于历史人物和厌恶电脑之人。众所周知，微软首席执行官比尔·盖茨每年都要有两次"思考周"，在这段时间里，他会远离世事（通常是在湖边小屋），只读书，思考大局。正是在 1995 年的一次思考周中，盖茨写下了著名的"互联网浪潮"(Internet Tidal Wave) 备忘录，将微软的注意力转移到一家名为网景通信 (Netscape Communications) 的新兴公司上。另外很具有讽刺性的是，被称作网络朋克作家的尼尔·斯蒂芬森 (Neal Stephenson) 参与创造了流行的网络时代概念，我们却几乎无法通过电子通信的方式联络到他——他的个人网站上没有提供电子邮箱地址，还贴出一篇文章，解释自己故意不使用社交媒体的原因。下面一段话是他曾经对此的解释："如果我如此安排生活，能够得到很长的、连续的、不受人打扰的时间，我就能写作小说。反之，如果我备受打扰又会怎样？不会有一部传世的小说……而是会有许多封发给个人的电子邮件。"

在具有重大影响力的人物身上普遍存在深度工作，这一现象很值得强调，因为这种现象与当代大多数知识工作者的行为形成了鲜明的对比，这个群体过快淡忘了深度工作的价值。

知识工作者之所以远离深度工作，原因显而易见——网络工具。网络工具是一个非常广的门类，包括电子邮箱和短信等通信服务、推特和脸谱网等社交网络，以及 BuzzFeed 和 Reddit 等炫酷的娱乐信息网站。这些工具的兴起，辅以智能手机和可联网办公电脑的广泛使用，将大多数知识工作者的注意力肢解得支离破碎。2012 年，麦肯锡的一项调研发现，知识工作者平均每周有超过 60% 的工作是进行电子沟通和网络搜索，其他工作者则有将近 30% 的时间只是用于阅读和回复电子邮件。

这种注意力支离破碎的状态不可能带来深度工作，深度工作要求长时间无干扰地思考。然而与此同时，现代知识工作者也并没有游手好闲。事实上，他们称自己和以前一样忙碌。这种矛盾是由何产生的？另外一种类型的努力可以很好地解释个中缘由，这种努力恰与深度工作的理念相悖：

浮浅工作（Shallow Work）：对认知要求不高的事务性任务，往往在受到干扰的情况下开展。此类工作通常不会为世界创造太多新价值，且容易复制。

换言之，在网络工具的时代，知识工作者越来越多地用浮浅工作——像人工网络路由器一样不断地收发电子邮件，不断被小事扰乱心神——替代了深度工作。诸如研究新的商务策略或撰写重要的经费申请报告等重大工作，本可很好地受益于深度思考，却也在受到干扰之后变得支离破碎，得不到很好的完成。

对深度工作更不利的是，越来越多的证据显示，向浮浅工作发展的趋势并不是很容易转变的。在极度浮浅的状态下度过足够的时间，将永久性降低自己深度工作的能力。"网络似乎剥夺了我专注和沉思的能力。"记者尼古拉斯·卡尔（Nicholas Carr）2008年在《大西洋月刊》（*The Atlantic*）上发表的一篇被广为引用的文章中坦言，"而且不只我是这样"。卡尔由这个论点出发，写成了一本书，名为《浅薄：你是互联网的奴隶还是主宰者》（*The Shallows*），后入围了普利策奖终选名单。为了写作此书，卡尔搬到一间小木屋里，强迫自己与世隔绝。

网络工具促使我们从深度工作转向浮浅工作的观点并非新有。《浅薄》仅仅是近期一系列探究网络对我们大脑和工作习惯影响的书籍中最早的一部。后续的作品包括威廉·鲍尔斯（William Powers）的《哈姆雷特的黑莓》（*Hamlet's BlackBerry*）、约翰·弗里曼（John Freeman）的《电邮的暴政》（*The Tyranny of E-mail*）和亚历克斯·索勇－金·庞（Alex Soojung-Kim Pang）的《不分心》（*The Distraction Addiction*），所有这些作品都或多或少地赞同网络工具使我们从必须专注完成的工作上分心，同时也降低了我们保持专注的能力。

鉴于现在已经有诸多证据，我在本书中不会再耗时证明此点。我希望我们能够认清网络工具对深度工作会产生负面影响。此外，我还会回避此类转变所带来的长期社会影响等宏大的论题，因为此类论题往往会争辩无果。这场论辩的一方是杰伦·拉尼尔（Jaron Lanier）和约翰·弗里曼等对科技持怀疑态度的人，他们认为很多此类工具至少在当前的状态下，会对社会造成损害。而另一方是克莱夫·汤普森（Clive Thompson）等对科技持乐观态度的人，他们认为这些工具当然会改变社会，但是会使我们的生活更好。比如谷歌或许会使我们的记忆力退化，但是因为我们此时能够搜索到任何想要知道的事情，所以不再需要好的记忆力。

我在这场哲学论辩中并不站在任何一方。我在此话题上的兴趣在于一种更实际和关乎个人利益的主题：向浮浅工作转变的工作文化（不管你认为从哲学意义上讲是好还是坏）使少数能够抵抗此种潮流、优先考虑深度工作的人享有极大的经济前景和个人发展机会。不久之前，来自弗吉尼亚的一个名为杰森·本（Jason

Benn）的年轻人就充分利用了这种机会。

人们经常会发现，自己在大众经济生活中并没有价值。杰森·本在开始一份金融咨询的工作后不久就认识到了这一点，他发现自己工作的绝大部分职责都可以靠一份 Excel 脚本自动"拼凑到一起"。

雇用本的那家公司为涉及复杂交易的银行制作报告。（"这份工作很有趣，和听起来一样。"本在我们的一次采访中开玩笑说。）制作报告的过程需要花费数小时的时间，手动将数据输入到多张 Excel 表格中。刚入职时，本需要用上 6 个小时才能完成一份报告的表格填写（公司里最熟练的老员工则只需要一半左右的时间）。本不太能接受这样的状况。

"公司教我的办法很笨拙，需要大量的手工劳动。"本回忆说。他知道 Excel 有一项叫作宏的功能，使用者可利用这项功能自动完成同类任务。本阅读了相关的文章，很快就制作出一张新的电子数据表，其中包含一些此类的宏，可以取代 6 小时的手动数据输入过程，基本只需点击一下便可完成。写作报告的过程本来要耗费他一个工作日的时间，现在只需不到 1 小时的时间。

本是个很聪明的人。他毕业于名牌大学（弗吉尼亚大学），获得经济学学位，和很多与他相似的人一样，他对自己的职业生涯雄心勃勃。没过多久他就意识到，如果自己主要的职业技能可以通过一个 Excel 宏解决，那么这些雄心壮志终会遭遇挫败。因此他决定，需要提升自己对这个世界的价值。经过一番研究，本得到一个结论：他向家人宣称，他将辞去人工电子数据表制作员的工作，成为一名程序员。然而，这个宏大的计划背后往往有一点漏洞：杰森·本根本不知道如何写代码。

作为一名计算机科学家，我可以确认显而易见的一点：计算机编程很难。大多数开发人员要经过 4 年的大学教育才能了解这个行业，开始第一份工作。而即便如此，想要得到最好的位置仍然需要面临激烈的竞争。杰森·本没有这样的时间。在那次关于 Excel 的顿悟之后，他辞去金融公司的工作，回家准备下一步工作。他的父母对他的计划很高兴，但是并不喜欢他在家里长期住下。本需要学会一项很难的技能，而且需要快速完成。

此时，本遭遇了跟很多知识工作者同样的问题，无法在职业轨迹上有爆发式上升。学习电脑编程之类非常复杂的知识需要持续地专注于需要高认知度的任务——恰如驱使卡尔·荣格置身于苏黎世湖边的树林中的那种专注一般。换言之，这项任务是一种深度工作。然而，如我在之前所述，大多数知识工作者已经失去了深度工作的能力。本在这种潮流中也不例外。

"我总是不停地上网，查看电邮；我根本停不下来，好似一种强迫症。"本讲述辞去金融工作之前那一段时间里自己的状态。为了强调自己深度工作的困难，本向我讲述了金融公司的上司让他完成的一个项目。"他们想要我写一份商业计划。"他解释说。本不知道如何写商业计划，于是决定先搜索并阅读 5 篇不同的现有计划，然后通过对比和比较，理清需要哪些内容。这是个好主意，但是本遇到一个问题："我无法专注。"他现在承认，在这段时间里，有好多天几乎每一分钟（"98% 的时间"）他都在上网。而商业计划项目，这个可以使他在职业生涯早期脱颖而出的机会，却被丢到了一旁。

辞职的时候，本已经很了解自己很难做到深度工作，因此当他决定学习编程的时候，他知道自己同时还要教会自己的大脑如何深入下去。他的方法很极端，却很有效。"我把自己锁到一间没有电脑的房间里——只有课本、笔记卡片和荧光笔。"他会在电脑编程课本上做标记，将学到的关键点记录到笔记卡片上，然后大声读出来练习。最初远离电子设备的日子很难熬，但本强迫自己坚持下去：他必须学会这些内容，要确保屋子里没有使他分心的东西。然而，随着时间的推移，他保持专注的能力逐渐增强，到后来他能够每天在那个房间里与外界隔绝 5 个小时甚至更久，不分心地专注学习这些艰涩的新技能。"到最后我大约读了 18 本相关的书。"他回忆道。

两个月的封闭学习后，本参加了难度很高的开发人员训练营（Dev Bootcamp）：一周 100 小时的网络应用程序短训班。（在搜索该项目相关信息时，本发现一名来自普林斯顿大学的博士生将 Dev 描述为"我这辈子做过的最难的事情"。）有了充分的准备和新打磨的深度工作能力，本表现得极为出色。"有些人没有做好准备。"他说，"他们不能做到专注。他们不能迅速学习。"与本一同参加这个短训班项目的学生中只有一半按时毕业。本不仅毕业了，而且还是班上成绩顶尖的学生。

深度工作有了成效，本很快就在旧金山一家科技创业公司找到了一份开发员的工作，这家公司拿到了 2500 万美元的风险投资。半年之前，本辞去金融咨询的工作时，他一年的收入为 4 万美元，电脑程序员的新工作则可以拿到 10 万美元。随着技能水平的提高，这个数字还可以持续增长，在硅谷市场上几乎没有上限。

我最后一次和本交谈时，他已经在新岗位上做得有声有色。他成为深度工作的新拥趸，在办公室对面的街上找到一套公寓，这样早晨就能在其他人到来之前很早来到办公室，毫无干扰地工作。"运气好的时候，一天第一次会议之前，我能有 4 个小时无人打扰的工作时间。"他告诉我，"然后下午或许还能有三四个小时。而且我说的是真正的'专注'：没有电子邮件，没有黑客新闻（Hacker News，在电脑技术人员中非常流行的网站），只做编程。"对于一个承认过去工作中有时会花98%的时间用来上网的人来说，杰森·本的转变着实令人震惊。

　　杰森·本的故事突出了一点关键的经验：深度工作并非某种矫揉造作的怀旧情绪，也不是作家和20世纪早期哲学家独有的，而是在当今社会也很有价值的一种技能。

　　它之所以有价值，有两方面原因。第一种原因与学习相关。我们生活在信息经济时代，依赖于迅速更新的复杂体系。比如，本学过的一些电脑语言在10年前是不存在的，而且很可能再过10年也会过时。与之类似的，20世纪90年代加入营销队伍的人或许根本不会想到今天需要掌握数字分析的能力。因此，想要在社会经济中保持价值，就必须掌握快速学习复杂技能的艺术。这项任务要求深度工作。如果你不培养这项能力，就很可能随着技术的更新而被淘汰。

　　深度学习有其价值的第二种原因是数字网络革命的影响力是双向的。如果你能创造出有用的东西，它的受众（比如雇主或用户）就可能是无限的，从而极大提升你所获的奖励。另一方面，如果产出的东西中规中矩，你就会陷入困难，因为你的受众很容易在网上找到更好的替代品。不论你是一名电脑程序员、作家、市场营销人员、咨询师还是企业家，你的处境都和想要超越弗洛伊德的荣格一样，又或是与想要在热门初创企业中维持地位的杰森·本相似：想要成功，就必须产出自己能力范围内最好的产品，而这项任务需要深度。

深度工作的必要性正在不断增长，这种趋势是新近出现的。在工业经济时代，只有小部分技术工人和专业人士需要深度工作，大多数工人不培养专注的能力也无大碍。他们靠做一些小玩意拿工资，他们所做的工作在数十年的时间里都不会有什么变化。但是随着信息经济时代的到来，越来越多的人成为知识工作者，深度工作就成为核心货币，虽然大多数人并没有意识到这个现实。

换言之，深度工作并非一种无用的传统技能，而是任何想要在竞争激烈的全球化信息经济时代——无法跟随时代潮流发展的人将被这个时代生吞活剥——立足的人都应该掌握的核心技能。真正的奖励不会留给那些熟练使用脸谱网的人（这是一项浮浅任务，很容易复制），而会留给那些能够构建创新的分散式体系，使这项服务能够运转的人（毫无疑问这是一种深度任务，很难复制）。深度工作非常重要，我们或许应该用商业作家埃里克·巴克（Eric Barker）的说法，将其称作"21世纪的超级力量"。

我们已经探究过两条思路，一种是深度工作的日益稀少，另一种是其日益提升的价值。可以将二者结合成一种理念，这种理念为本书的一切内容提供了基础：

> **深度工作假设（The Deep Work Hypothesis）：深度工作的能力日益稀少，而几乎同时，其在社会经济中的价值也日益提升。因此，能够培养这项技能，并将其内化为工作生活之核心的人，将会取得成功。**

本书有两个目标，分两部分进行阐述。第一个目标在第一部分实现，旨在让你相信深度工作假设的真实性。第二个目标在第二部分实现，旨在教会你如何利用这个机会，训练你的大脑，转变你的工作习惯，使其成为你的职业生活的核心。然而，在深入探究这些细节之前，我要花点时间解释一下我是如何成为深度工作拥趸的。

我用过去 10 年的时间培养了自己专注于难题的能力。想要理解这种兴趣的起源，有一点或许会有所帮助。我是一名理论计算机科学家，在举世闻名的麻省理工计算理论小组（Theory of Computation Group）完成了博士学业，而在计算理论小组中，保持专注是关键的职业技能。

这些年里，我所在的研究生办公室恰在一名麦克阿瑟天才奖（MacArthur "Genius Grant"）获得者办公室的走廊尽头，这个人在还没到法定喝酒的年龄就被麻省理工学院聘为教授。这位理论学者经常会坐在公共区域，盯着白板上的标记看，四周围坐着一群访问学者，也安静地坐在那里，盯着白板看。这个过程可以持续几个小时。我去吃午饭，吃完午饭回来，他们还在盯着看。这位教授的踪迹很难寻到。他不上推特，如果他不认识你，一般也不会回你的电子邮件。去年他发表了 16 篇论文。

在我当学生的那几年里，周围一直弥漫着这种极度专注的氛围。毫不奇怪，我也很快培养出类似的深度专注能力。令我的朋友和诸多合作出书的出版商懊恼的是，我从来没有脸谱网或推特账户，除了博客之外未曾用过任何其他社交媒体。我不上网，新闻多从送到家里的《华盛顿邮报》（The Washington Post）和美国全国公共广播电台（National Public Radio，NPR）获取。另外，想要找到我的人也很难如愿：我的作者网站里没有提供私人电子邮箱地址，而且直到 2012 年我才有了第一部智能手机。（我怀孕的妻子给我下了最后通牒："儿子出生之前，你一定要买一部可以用的手机。"）

另一方面，我对深度工作的执着也得到了回报。大学毕业之后 10 年的时间里，我出版了 4 本书，获得了一个博士学位，发表同行评审学术文章的频率也很高，还受聘于乔治城大学（Georgetown University），成为终身教授。虽然有这么多的成就，但我在工作日很少会工作到下午五六点钟。

我之所以能将工作压缩到如此短的时间内，是因为我投入了巨大的精力，竭力精简生活中浮浅的内容，同时确保充分利用由此节省的时间。我每天的工作都围绕着精心挑选的深度工作展开，确实无法避免的浮浅活动则拆分成小块，在日程的间隙完成。每天三四个小时，每周五天没有任何打扰、精心安排的专注工作，带来了很多极有价值的产出。

我对深度工作的投入在职业之外也带来了益处。从我下班回家至第二天早晨新工作日开始的这段时间，我几乎不碰电脑（只有写博客这个例外，我喜欢在孩子上床睡觉之后写写博客）。这种全然与世隔绝的能力，与隔一会儿查看一下工作邮件或频繁查阅社交网站等更惯常的做法相对，使我能够在晚上与妻子和两个儿子相伴，虽然是两个孩子的父亲，很忙碌，但还是能阅读数量惊人的书籍。更宽泛一点讲，远离生活中的干扰，减少了似乎在日益侵蚀人们日常生活的紧张的心智能量。我觉得无聊是很舒适的，它是一项可以转化出丰厚回报的技能，特别是在慵懒的华盛顿特区的夏日夜晚，听着电台直播华盛顿国民队的比赛的时候。

对本书最恰当的描述莫过于尝试规范和解释我为何偏爱深度而非浮浅，并细化将之付诸实践的策略种类。我将这些想法诉诸文字，有一部分原因在于引导你们围绕深度工作重塑生活，但这并非全部目的。我之所以要解构和阐释这些想法的另一个原因，在于进一步提升我自己的实践水平。对深度工作假设的接纳帮我取得了成功，但是我坚信自己还没有充分开发全部的潜能。当你按照本书的观念和规则辛苦努力并最终取得成功时，请相信我也在按同样的方法前进——毫不留情地砍掉浮浅的内容，不遗余力地强化深度。（在本书的结论中，你将看到我的努力成果。）

卡尔·荣格想要实现心理学的变革时，他在树林中建起一处隐居所。荣格的伯林根塔楼为他提供了保持深度思考的场所，他在这里将技能加以应用，产出了具有惊人独创性的成果，以至于改变了世界。在后文中，我将努力说服你们加入我，共同努力构建我们自己的伯林根塔楼；培养在日益浮躁的世界里创造真实价值的能力；认识到数代人中最富有成效和举足轻重的人物所认可的真理——深度的生活才是优质生活。

第一部分

理 论

The Idea

第1章
深度工作是有价值的

随着2012年总统选举日的临近，《纽约时报》网站流量达到了高峰。出现流量高峰在全美国关注的重要时刻是很常见的，但是这一次情况有些不同。这些流量中有极大部分（有些记者称超过70%）流向诸多板块中的一个点。不是头版突发新闻故事，也不是报社普利策奖获得者的评论专栏，而是一个从棒球数据极客转行的竞选预测员的博客，这个人名叫内特·西尔弗（Nate Silver）。不到一年之后，娱乐与体育节目电视网（ESPN）和美国广播公司新闻网（ABC News）将西尔弗从《纽约时报》挖走（《纽约时报》也尝试挽留他，承诺为他安排12名作家当助理），从而完成了一项重大交易。他们许可西尔弗做任何报道，从体育、天气预报到网络新闻领域，令人难以置信，甚至还有奥斯卡颁奖典礼电视直播。尽管舆论对于西尔弗一手打造的模

型方法论之严谨性仍有争议，但是极少有人否认，2012 年这位
35 岁的数据奇才是我们经济中的赢家。

另外一位赢家是大卫·海涅迈尔·汉森（David Heinemeier
Hansson）。他是一名电脑程序明星，创造了 Ruby on Rails[1] 网站
开发框架，为当前网络上最流行的网站提供了基础，其中包括
推特和 Hulu[2] 等。汉森是颇有影响力的开发公司 Basecamp（2014
年之前名为 37signals）的合伙人。汉森没有在公开场合谈及自
己在 Basecamp 的利润分成等级，也未曾提及自己的其他收入来
源，但是我们可以认定其收入很丰厚，足够他在芝加哥、马利布
（Malibu）和西班牙马尔韦利亚（Marbella）之间穿梭，同时在赛
车比赛中有不俗表现。

我们的第三位也是最后一位经济生活赢家是约翰·杜尔
（John Doerr），他是闻名于世的硅谷风投公司凯鹏华盈（Kleiner
Perkins Caufield & Byers）的普通合伙人。杜尔协助融资了多家
引领科技变革的核心企业，包括推特、谷歌、亚马逊、网景公
司和太阳微系统公司（Sun Microsystems）等。这些投资的回报
都是天文数字，在我写作本书时，杜尔的个人净资产超过了 30
亿美元。

1　一种相对较新的 Web 应用程序框架，构建在 Ruby 语言之上。——译者注
2　一家美国视频网站。——译者注

　　为什么西尔弗、汉森和杜尔能取得这样的成就？这个问题有两种答案。第一种属微观层面，关注个人性格和策略对此三人成功的帮助。第二种答案是宏观的，关注点较少落在个人身上，而更多在于他们所代表的工作类型。尽管对这个核心问题的两种阐释都很重要，但是宏观的回答与本书探讨的内容关系更密切，因为它们能够更好地反映出当前经济回报最高的是哪些领域。

　　要从宏观角度探究个中原因，我们首先要谈及两个麻省理工学院的经济学家——埃里克·布林约尔松（Erik Brynjolfsson）和安德鲁·麦卡菲（Andrew McAfee）。二者在 2011 年出版的重要著作《与机器赛跑》（*Race Against the Machine*）中讲述了一个令人叹服的案例：在当今时代涌现出的各种力量中，恰是数字科技的崛起使我们的劳动力市场以一种未曾预想的方式发生改变。"我们正处于大重组最初的阵痛期。"布林约尔松和麦卡菲在他们的著作开端如此解释，"我们的科技日新月异，但是我们的很多技能和组织却严重落后。"对于很多工人而言，这种落后是坏消息。随着智能机器的不断改进，机器与人之间能力的差异逐渐缩小，雇主越来越多地选择聘用"新机器"而不是"新人类"。而只有人类可以做的工作也遭遇了问题，通信和写作工具的发展使远程工作史无前例地方便，促使公司将关键岗位外包给行业中的翘楚，本地人才的失业率便会极高。

　　然而，这个冷酷的现实并没有渗透到所有角落。布林约尔松和麦卡菲强调，这次大重组并没有碾压所有工作，而是将其分化。尽管在新经济形势下，越来越多的人因为技能可通过机械自动化实现或易于外包而遭遇挫败，但是还有一些人不仅能够存活，还变得比以往更有价值（也因此得到更多的回报）。提出这种经济双峰轨迹理念的并非只有布林约尔松和麦卡菲。比如，2013年乔治梅森大学经济学家泰勒·考恩（Tyler Cowen）出版了《平均时代的终结》（*Average Is Over*）一书，反映了数字分化这一主题。但是布林约尔松和麦卡菲的分析之所以特别有用，是因为他们更进一步，识别出了拥有三种特点的人群，这三类人在智能机器时代处于获利的一方，将收获极大的利益。毫无疑问，西尔弗、汉森和杜尔恰恰属于这三类人。我们来逐一分析每一类型的人，从而更好地理解他们为什么突然变得如此有价值。

高级技术工人

　　布林约尔松和麦卡菲将以内特·西尔弗为代表的一类人称作"高级技术"工人。机器人和声控技术的发展使很多低技术要求的岗位实现了自动化，但是这两位经济学家强调："诸如数据可视化、分析、高速通信和快速原型设计等技术，对抽象和数据导向型推理有了更高的要求，因此也提升了这些工作的价值。"换言之，那些有神奇工作能力，能够使用愈发复杂的机器创造出有价值成果的人将会成功。泰勒·考恩用更加坦率的方式总结了这种现实："关键问题在于，你是否擅长使用智能机器？"

当然，内特·西尔弗擅长将数据嵌入到更大的数据库中，然后抽取数据存入他那神秘的蒙特卡罗模拟（Monte Carlo simulations）中，这恰恰是高级技术工人的一个缩影。智能机器并非西尔弗成功的障碍，而是他成功的前提。

超级明星

王牌程序员大卫·海涅迈尔·汉森代表着布林约尔松和麦卡菲预测的将在新经济中取得成功的第二类人——"超级明星"。高速数据网络和电子邮件、视频会议软件等协作工具摧毁了知识工作的很多领域。比如，现在如果能够聘用汉森那样全球最优秀的程序员用一小段时间完成手头的项目，就没有必要再安排办公空间、支付薪酬福利去聘用全职的程序员了。在这种情况下，你很可能支付更少的钱得到更好的结果，而汉森每年也可以服务更多的客户，变得更有价值。

你的办公室在艾奥瓦州的得梅因（Des Moines），而汉森或许远在西班牙的马尔韦利亚远程工作，这其实对你的公司而言并没有什么影响，因为随着通信和协作科技的发展，整个协同过程几乎可以无缝连接。（然而，这对于那些生活在得梅因、技能略差并需要稳定工资收入的程序员而言就有关系了。）这种趋势在越来越多的领域都开始流行，在这些领域中——咨询、市场营销、写作和设计等——科技使高效的远程工作成为可能。一旦人才市场可以全球共享，那么在市场顶端的人将会取得成功，而余下的人则会遭遇困境。

经济学家舍温·罗森（Sherwin Rosen）在 1981 年发表的一篇开创性论文中解答了这种"胜者通吃"市场背后的数学理论。他最核心的见解是明确地将才能定义为一种"不完全替代"因素，罗森就此做出如下解释："连续听一系列中等水平的歌手唱歌并不能累加成一场无与伦比的演出。"换言之，才能并非一种商品，你不可以通过大批购买，然后累积起来达到一定的水准，只有成为最优秀的才会有额外奖励。因此，如果你身处一个市场，消费者可以找到任何表演者，每个人的 q 值都是清晰的，那么消费者就会选择最好的。即使最优秀的才能相比技能阶梯下一级的才能仅有些许优势，超级明星仍然会赢得大块市场。

在 20 世纪 80 年代，罗森研究这种现象的时候，他的关注重点在电影明星和音乐家上。这些领域有清晰的市场，比如音乐商

店和电影剧院，观众在这里可以接触到各种表演者，在做出购买
选择之前准确地评估他们的才能。通信和协作科技的迅猛发展使
过去很多地方性市场转变成类似的全球化集市。一家寻找电脑程
序员或公共关系咨询的小公司现在可以利用全球化人才市场达到
目的，恰如音像店的出现使小镇的音乐迷可以抛弃本地音乐家去
购买全球最棒乐队的专辑。换言之，超级明星效应在当今社会的
应用远远超过罗森 30 年前所能预测的范围。在我们的社会经济
中，越来越多的个体要与行业中的超级明星竞争。

所有者

　　在新经济形势下能够成功的最后一个群体是约翰·杜尔代
表的一类人，他们是有资本可以投入新科技、促成大重组的人。
从马克思以来，我们都能理解手握资本可以带来巨大的优势。然
而，在某些阶段手握资本，优势会更加明显。布林约尔松和麦
卡菲指出，战后欧洲正是在错误的时间坐拥成堆现金的例子，
迅猛的通货膨胀加上严苛的税收政策以惊人的速度抹平了旧资
本。[我们或许可以将其称作"唐顿庄园效应"（ Downton Abbey
Effect ）。]

　　大重组时代与战后时期不同，是拥有资本的绝佳时机。想要

了解个中原因，首先要回顾一下交易理论，它也是标准经济思维的核心组成部分。该理论认为金钱是通过资本投资和劳动力获得的，粗略讲来，回报将与投入成正比。数字科技的发展降低了很多行业对劳动力的需求，因而掌握智能机器之人的回报比例在提高。当今经济形势下，风投公司会向 Instagram 一类的公司投资，Instagram 最终卖出 10 亿美元，而雇员却仅仅 13 人。历史上有什么时候人们能以如此少的劳动力带来如此巨大的价值？劳动力投入如此之小，回流到智能机器拥有者——在此处是风投投资人——手中的财富却如此巨大，这种现象是史无前例的。难怪我在写作上一本书时采访的一位风投资本家不乏担忧地向我承认："所有人都想要我的工作。"

我们来归纳一下目前所讲的思路：根据我的调研，当下的经济思维认为，史无前例的科技发展和影响力为我们的经济带来了巨大的重组。在这种新经济形势下，有三种人将获得特别的优势：可以利用智能机器把工作做得漂亮并具有创造性的，在所处行业中最优秀的，还有那些拥有资本的。在此要说明一点，布林约尔松、麦卡菲和考恩等经济学家所发现的大重组并非当前唯一重要的经济趋势，也并不是只有上述三个群体能够取得杰出的成就。但是本书的一个重要论点在于，尽管这些确实并非独有，但也是重要的，而这些群体——即便并非唯一的群体，也将取得成功。因此，如果你能成为其中任何一个群体的一员，都会有出众的表现。如果不能，你或许也会有好的表现，但是地位可能会岌岌可危。

我们现在必须面对的问题已经很明晰：如何加入到这些成功者的群体中？冒着打消诸位不断高涨的热情的风险，我还是要先承认，我没有任何秘诀可以帮助你迅速积累财富，成为下一位约翰·杜尔。（如果我有这样的秘诀，也不太可能会在一本书中分享。）然而，进入另外两个赢家群体则是可实现的，这也是我们在下文中要解决的目标。

如何在新经济形势下成为赢家

我发现有两类人注定会成功，而且我认为可以推广借鉴：一种是能够利用智能机器进行创造性工作的，另一种是所在领域的个中翘楚。在数字鸿沟不断扩大的当下，有什么窍门能够为进入此类有利领域提供助力？我认为如下两种核心能力是关键。

· 迅速掌握复杂工具的能力
· 在工作质量和速度方面都达到精英层次的能力

　　我们先来探讨一下第一种能力。开始之前先要提醒一下，像推特和 iPhone 一类用户友好型的傻瓜科技已经把我们惯坏了。然而这些只能算作消费品，根本谈不上是真正的工具。引导大重组的智能机器大多数都非常复杂，很难理解和掌握。

　　回想一下我们在前文中举例靠熟练掌握复杂科技而取得成功时提到的内特·西尔弗。如果我们深入发掘一下他使用的方法，就会发现，生成数据驱动的选举结果预测并不像在搜索框中输入"谁将获得更多选票？"那么简单。实际上他汇集了一个大型民调结果数据库（从 250 个民意调查机构处获取的数千项民意调查结果），然后输入到 Stata 软件中（Stata 是一种很流行的数据分析系统，由一家名为 StataCorp 的公司研发）。此类工具并不容易掌握，比如，想要利用类似西尔弗使用的现代数据库工作，你就需要理解下面一类命令：

```
CREATE VIEW cities AS SELECT name, population,
altitude FROM capitals UNION SELECT name, population,
altitude FROM non_capitals;
```

　　此类数据库汇编成一种语言，称作 SQL。你利用如上所列的命令与数据库中储存的信息进行交流。想要操控此类数据库是一项非常精深的工作。比如上面一条命令会创建一种"视图"：一种从现有多种表中选取汇集数据的虚拟数据库表，该表可成为标准表利用 SQL 核心进行基元处理。何时创建视图、如何熟练创建视图是个很微妙的问题，如果想要在现实世界的数据库中梳理出理性的结果，你需要理解和掌握的事情很多，上述便是其中一例。

我们会继续分析内特·西尔弗的例子，思考一下他依赖的另一项科技：Stata。这是一种非常强大的工具，不可能靠着本能随便动动脑就能学会。比如下面一段话描述的是这种软件最新版本的一些新特性："Stata13 加入了很多新特性，比如处理效果、多层广义线性模型（GLM）、检验效能和样本数、广义结构方程模型（SEM）、预测、效应值、项目管理器、长字符串和 BLOBs（二进制大对象）以及其他很多。"西尔弗利用此类复杂的软件（包含广义结构方程模型和 BLOBs）创建复杂的模型，内含各种互相联系的部分，比如自定义参数的多元线性回归，就可以在概率算式中用来做顾客权重参考等。

这些细节旨在强调智能机器的复杂性是难以掌握的。[1] 因此，

---

1 现实中，公司利用科技复杂性获得成功，重点强调了当下普遍存在的一种荒诞观点，即接触简单、面向消费者的产品（特别是在学校里）能够帮助人们在高科技经济时代取得成功。认为给学生一部 iPad 或是让他们录下家庭作业放到 YouTube 上，就能帮助他们为高科技经济时代做好准备，这无异于认为让他们玩风火轮赛车（Hot Wheels）游戏，就可以帮助他们成为优秀的汽车修理师。

要想较好地运用这些机器，你就要培养出掌握复杂事物的能力。而且由于这些科技变化很快，掌握复杂事物的过程便永远不会结束：你必须能够快速完成，一次又一次。

当然，这种迅速掌握复杂事物的能力并不仅仅是能熟练运用智能机器所必需的；基本上也是想要成为任何领域的超级明星的关键因素，即便是与科技关联性很小的领域。比如，想要成为一名世界级的瑜伽训练师，就要求你掌握愈发复杂的身体技能组合。再举一个例子，想要在某个特定的医学领域取得成功，就要求你能快速掌握相关手术的最新研究成果。用更简洁的语言总结这些观察结果就是：如果你无法学习，就无法成功。

现在思考之前所提的第二项核心能力：达到精英水平。如果你想成为领域中的翘楚，掌握相关技能是必需的，但并不够。之后你必须将潜能转化成人们珍视的实在成果。比如，很多程序员对编程都很在行，但是我此前举例的超级明星大卫·汉森能利用这种能力创造出 Ruby on Rails，正是这个项目为他带来了声誉。Ruby on Rails 要求汉森将他当前的技能推向极限，创造出实在的价值和成果。

这种产出的能力同时也适用于以掌握智能机器为目标的人。对于内特·西尔弗而言，学会如何掌控大型数据组和进行数据分析并不够；他还需要证明自己能够利用这种技能，从这些机器中提取大众关注的信息。西尔弗在棒球资料（Baseball Prospectus）工作期间与很多数据极客共事过，但是只有他努力将这些技能加以调整，用于全新的、更有利可图的选举预测领域。由此我们总结出想要加入当前经济形势下赢家群体的另一项要点：如果你不产出，就不会成功，不管你的技艺多么纯熟、天资多么聪颖。

我们已经列出两种在当今这个由科技分化的新世界里获得成功的能力，现在可以提一个显而易见的后续问题：如何才能培养出这些核心能力？讲到这里，我们便触及了本书的核心主题：**上文阐述的两种核心能力依赖于你进行深度工作的能力。**如果你没有掌握这项基本能力，想要学习艰涩的知识或达到精英水平就会很困难。

这些能力对于深度工作的依赖性并非即时显现的，这就要求我们更深入地探究与学习、专注于和生产力相关的科学。接下来的章节将深入探究，使深度工作和经济成功之间的联系转向你——从意料之外到无懈可击。

深度工作帮助你迅速掌握困难的事物

"让你的头脑成为透镜，汇聚专注之光；让你的灵魂完全投入到头脑中的主导之物上，尽情吸收思想。"

上述建议出自多米尼加（Dominican）修士、伦理哲学教授安东尼－达尔梅斯·塞汀朗吉思（Antonin-Dalmace Sertillanges），他在 20 世纪初期写作了一本很薄却非常有影响力的小册子，名为《知性生活》(*The Intellectual Life*)。塞汀朗吉思写作这本书，旨在引导那些在思想界求生存的人"培养和深化自己的头脑"。塞汀朗吉思在《知性生活》中充分认识到掌握复杂材料的必要性，帮助读者为这类挑战做好准备。因为这个原因，这本书恰好契合我们的诉求，有助于我们更好地理解人类如何快速掌握复杂（认知性）技能。

为了理解塞汀朗吉思的建议，我们先回顾早先引用的那一段话。在这些文字中（在《知性生活》中有多种形式的回应）塞汀朗吉思称想要提升对自己所在领域的理解，你就必须系统地处理相关主题，做到"汇聚专注之光"，以发现每一处深藏的真理。换言之，他教导读者：学习需要深度专注。这种观念已经使他领先于时代。塞汀朗吉思反思 20 世纪 20 年代的思想生活，发现了关乎如何掌握有认知要求任务的一点事实，而这点事实直到 70 年后才得到学术界的正式定义。

学术界真正将其规范化的过程始于 20 世纪 70 年代，心理学的一个分支——有时被人们称作表现心理学——开始系统地探究哪些因素区分了专家（在很多不同的领域）和其他人。到 20 世纪

90 年代初期，佛罗里达州立大学教授 K. 安德斯·艾利克森（K. Anders Ericsson）汇总所有这些思路，结合不断累积的研究文献，形成一个清晰的答案，并给出了一个很有冲击力的概念：刻意练习（Deliberate Practice）。

艾利克森在该主题上的开创性论文开篇有一个强有力的论断："我们拒绝接受这些（专家与普通成年人之间的）差异是不可改变的……相反，我们认为专家与普通成年人之间的差异反映的是，为提升某一特定领域的表现穷其一生的刻意努力。"

美国文化尤其钟爱神童一类的故事情节（"你知道这对我来说多么简单吗？！"马特·达蒙在《心灵捕手》中扮演的角色迅速解出困扰世界顶级数学家的问题之后讲出这段广为人知的话）。艾利克森的研究方向现在已经广为世人接受（有质疑[1]），它动摇了

---

1 马尔科姆·格拉德威尔（Malcolm Gladwell）在 2008 年的畅销书《异类：不一样的成功启示录》（*Outliers: The Story of Success*）中使刻意练习的概念风行，之后在心理学圈里（总体说来，这个圈子对几乎所有格拉德威尔式的事物都持怀疑态度）探寻刻意练习假设的研究就成为一种风尚。然而，这些研究大部分没有否定刻意练习的必要性，而是尝试辨识成为专家表现的其他重要组成。在 2013 年的一篇名为《为什么专家表现是特殊的，无法外推到一般人群的学习表现：对质疑的回应》（Why Expert Performance Is Special and Cannot Be Extrapolated from Studies of Performance in the General Population: A Response to Criticisms, *Intelligence* 45 [2014]: 81–103）的文章中，艾利克森对很多此类研究做了回应。艾利克森在这篇文章中辩称，其他不论，但是这些批评论文的实验设计有漏洞，因为他们假定可以将某一领域中等水平和中等偏上水平之间的差异推广到专家和非专家之上。

这种神话。掌握有认知性要求的任务需要这种特定形式的训练，只有极少的天才是个例。（在这一点上，塞汀朗吉思也同样超越了所处的时代，他在《知性生活》中称："天才之人之所以伟大，只因决心投入一切，全力于一点。"艾利克森也难有更好的表述。）

此时摆在我们面前的问题，就是刻意练习到底有哪些要求。其核心要素通常如下：（1）你的注意力全情投入到某个你希望提升的技能或想要掌握的理念上；（2）你能得到反馈意见，这样你就可以调整自己的方法，保持注意力的投入有最佳产出。第一个要素对于我们的探讨尤为重要，因其强调了刻意练习不能在有干扰的情况下进行，而要在无干扰状态下保持专注。恰如艾利克森所强调的："注意力涣散基本上与刻意练习要求的聚精会神是相对立的。"（强调的语气是我加入的。）

作为心理学家，艾利克森和其他该领域的研究者对于刻意练习为何有效并不感兴趣，他们仅仅是辨识其为一种有效的行为。然而，在其间的 10 年里，神经科学家一直在探索促使人类在解决难题方面取得进步的科学原理。记者丹尼尔·科伊尔（Daniel Coyle）在他 2009 年出版的《一万小时天才理论》（*The Talent Code*）一书中调查发现，越来越多的科学家认为刻意练习有效的原因与髓磷脂相关，它是在神经元周围生长的一层脂肪组织，起到绝缘保护的作用，可保持神经元干净和正常运转。要理解髓磷脂在提升能力方面的作用，首先要记住，不管是智力还是体力方面的技能，最终都要追溯到大脑回路上。这种新的性能科学认为，如果相关神经元周围汇集了更多的髓磷脂，相应的大脑回路就能更轻松有效地运转，你在某方面的技能就会更强。想要在某方面有了不起的成就，就需要有更多髓磷脂的协助。

这种理解为刻意练习的有效性提供了神经学基础。专注于某一项特定技能，就会迫使某一特定大脑回路在隔离的区域不断地燃烧。反复利用同一大脑回路，就能促使少突胶质细胞在这个回路的神经元周围包裹髓磷脂，从而有效地固化这种技能。因此，要想高度专注于当前任务，避免干扰非常重要，因为这是充分隔离相关神经回路、促进髓磷脂鞘形成的唯一途径。与之相对，如果你尝试在注意力涣散的情况下（或许脸谱网的推送消息还开着）学习一种复杂的新技能（比如 SQL 数据库管理），就会有太多的回路同时进行，你真正希望强化的神经元群只能得到偶尔的隔离。

距塞汀朗吉思第一次写出"让你的头脑成为透镜，汇聚专注之光"之后，一个世纪过去了，我们已经将这种形而上的比喻发展为一种不那么富有诗意的少突胶质细胞解释，这也引出一个必然的结论：想要迅速掌握困难的事物，你必须高度专注，不能有任何干扰。换言之，学习是一种深度工作行为。如果你很容易做到深度工作，就能轻松掌握愈发复杂的体系和技能，这些体系和技能是我们在经济生活中取得成功所必需的。如果你还是一个难以做到深度工作的人，要面对无处不在的干扰，就不应期待轻易掌握这些体系和技能。

深度工作有助于精英级产出的实现

亚当·格兰特（Adam Grant）有着精英级的产出。我在 2013 年遇见格兰特的时候，他是宾夕法尼亚大学沃顿商学院最年轻的教授。一年之后，我开始写作本章时（也正是在这时，我开始思考自己的教职问题），他的头衔又发生了变化——沃顿商学院最年轻的正教授（full professor）[1]。

格兰特之所以能够在学术界迅速崭露头角，原因很简单：他有产出。2012 年，格兰特发表了 7 篇论文，全部发表于重要期刊。在他所属的领域（在这个领域，教授通常独立开展工作或进行小范围职业合作，但是很少有大批量的学生和博士后协助他们完成研究），这是个高到离谱的数量。2013 年，论文数为 5 篇。这个数量也高得离谱，但还是低于他此前的水准。然而，发表论文数量

1　在美国，有三个级别的教授：助理教授、副教授和正教授。当你获得教职的时候通常受聘为助理教授，然后升为副教授。正教授通常是在获得教职之后多年才能达到，甚至根本无法达到。

之所以下降也有其原因，因为这一年他出版了一本名为《沃顿商学院最受欢迎的思维课》（*Give and Take*）的书，将他在商业人际关系方面的研究推向大众。仅仅说这是一本成功的书是一种低估。这本书最后登上《纽约时报》杂志封面，成为超级畅销书。2014年，格兰特受聘成为正教授时，他已经发表了 60 多篇同行评审论文，外加这一本畅销书。

与格兰特会面后不久，我心里惦记着自己的学术生涯问题，忍不住问他是如何做到如此高产出的。所幸，他很愿意分享在这方面的心得。原来格兰特深入思考了如何实现精英级产出的原理。他给我发了一系列幻灯片，是他与同领域数位专家参加研讨会时使用的。研讨会聚焦于如何使学术工作达到最佳状态的数据导向观察。这些幻灯片中有详细的每季时间分配饼形图，有与共同作者关系发展的流程图，还有一个推荐阅读书单，上面有 20 多本推荐阅读书籍。这些商学院教授没有墨守成规地将书本知识照章全收，而是会不时冒出一个了不起的主意。他们将产出看作一种科学问题，需要系统化解决，而亚当·格兰特似乎已经达成了这个目标。

尽管格兰特的产出得益于多方面因素，但是有一种理念似乎在他的方法中占据了核心地位：在长时间无干扰的状态下，批量解决困难却重要的智力工作。格兰特在多层面展开了这种批量工作模式。在一年的时间里，他将教学工作集中到秋季学期，其间可以将全部精力投入到好好教学上，保证学生能够找到他。（这种方法看起来是有效的，因为格兰特现在被沃顿商学院评为表现最优的教师，荣获多项教学奖励。）将教学工作集中在秋季之后，格兰特就可以在春夏两季将全部精力投入到研究工作中，处理工作的过程中少了很多干扰。

格兰特还经常在较短的时间段内批量分配精力。在专注于研究工作的学期内，他会在两种状态下转换，有些阶段会向学生和同事敞开大门，有些阶段则会与世隔绝，全情专注于某一项研究任务，不受任何干扰。（他通常将学术论文的写作分为 3 个独立的阶段：分析数据，写成完整的草稿，编辑草稿形成可出版的文章。）在这段可能持续三四天的时间里，他经常为电子邮箱设定不在办公室的自动回复，这样来信人就知道不会得到回应。"有时这种做法会令我的同事感到困惑。他们说：'你没有离开办公室啊，我现在就看着你在办公室里！'"但是对于格兰特而言，完成手头的任务之前做到彻底与世隔绝是非常重要的。

我猜亚当·格兰特的工作时间比一般精英研究所里的教授（这些人通常都是工作狂）要少很多，但是他的产出还是比领域内的几乎所有人都高。我认为他批量处理工作的方式有助于解释这种矛盾现象。尤其有效的是他将工作合并为密集而无干扰的脉冲，充分利用了下述生产力规律：

高质量工作产出 = 时间 × 专注度

如果你相信这个公式，那么格兰特的习惯就有理可循了：工作时专注度达到最高，单位时间里的工作产出也将实现最大化。这并非我第一次遇到生产力公式的概念。我第一次接触这个概念是在写作第二本书《如何成为尖子生》（How to Become a Straight-A Student）的调研期间。在调研中，我采访了全国一些竞争极为激烈的学校里的 50 名超高分研究生。采访中我注意到，最优秀的学生通常比 GPA 等级低一档的学生用在学习上的时间更短。上文提及的公式恰可作为这种现象的一种解释：最优秀的学生能够理解专注度在产出方面起到的作用，因此会极度专注，从而大幅减少考试准备或撰写论文所需的时间，同时也不降低成果的质量。

亚当·格兰特的例子意味着专注度的公式不仅仅适用于研究生的 GPA，同时也适用于其他有认知度要求的任务。但为什么是这样呢？明尼苏达大学商业学教授索菲·勒鲁瓦（Sophie Leroy）对此有一种很有趣的解释。勒鲁瓦在 2009 年发表的一篇题名很有趣的论文《为什么完成工作那么难？》（Why Is It So Hard to Do My Work？）中介绍了一种她称为"注意力残留"（Attention Residue）的效应。在这篇论文的前言中她特别提到，其他研究者已经研究过多任务处理对工作表现的影响，但是在现代知识工作者的工作中，一旦级别达到一定高度，通常会按次序完成多项工作。"一项会议结束后开始另一项会议，开始一个项目的某项工作后不久，没有任何过渡便开始另外一项工作，这些都是组织生活的一部分。"勒鲁瓦解释道。

这项研究发现，这种工作策略存在一个问题，当你从某项任务 A 转移到任务 B 时，你的注意力并没有即时转移，你的注意力残留仍然在思考原始任务。如果在转移工作之前，你对任务 A 缺乏控制且关注度较低，残留会尤其多，但即使你在转移工作之前已经完成了任务 A，你的注意力还是会有一段分散的时间。

勒鲁瓦在实验室中强制进行任务转换，以此研究这种注意力残留对工作表现的影响。比如，在一项实验中，她先请研究对象解一些文字谜题。在某次实验里，她会打断研究对象，要求他们转移到一项新的、具有挑战性的任务上，此次是阅读简历，做出假定的聘用决定。在其他几次实验里，她请研究对象完成谜题之后再开始新任务。在文字谜题和聘用之间，她会安排一次快速词汇判断游戏，以此量化第一项任务的残留量。[1] 此项实验以及其他类似实验的结果很清晰："转换任务之后处于注意力残留状态

1　词汇判断游戏中会在屏幕上闪过一系列字母，有些是真实的单词，有些不是。玩家需要尽快确定这些是不是真的单词，并按下表示"真"或"假"的按钮。这项测试能够量化玩家头脑中"激活"了多少关键词，因为激活程度越高，玩家看到屏幕上闪过真实单词时按下"真"按钮的速度就越快。

的人，在下一项任务中的表现通常很差，而且残留量越大表现越糟糕。"

注意力残留的概念有助于解释专注度公式的真实性，因此也有助于解释格兰特的高效产出。格兰特长时间不转移注意力，完成单一困难任务，使注意力残留负面影响降到最低，从而使他在当前任务上的表现成果最优化。换言之，当格兰特与世隔绝数日完成一篇论文时，其效率水平远高于奉行多任务策略的一般教授，这些教授的工作反复受到残留量极大的干扰。

即便你无法如格兰特一般做到完全与世隔绝（我们将在第二部分中介绍实现深度工作的多种策略），但是注意力残留的概念还是有其警醒作用的，因为这预示着在有干扰的状态下工作，对你的表现是有潜在危害的。每隔 10 分钟左右瞥一眼收件箱或许看似没有损害，很多人还试图证明这种行为优于时刻保持收件箱开启状态的旧习惯（已经很少有人坚持的一种坏习惯）。但是勒鲁瓦告诉我们，这种做法并不是一种进步。更糟糕的是，看到一些当前无法解决的信息（几乎总是这样），你就会被迫回到最初的任务上，但是又有第二项任务留在脑后没有完成。这种未完成任务之间的转换带来的注意力残留对你的表现十分有害。

我们从这些对个体的观察退回一步看，就能发现一种清晰的论点：要达到个人巅峰的产出效率，你需要长时间、无干扰地高度专注于单一任务。换一种说法，**使你的表现最优化的做法是深度工作**。如果你无法做到长时间深度工作，就很难使你的表现达到质量和数量的巅峰，而这种巅峰状态对于你的职业成功越来越重要。除非你的才能和技能全面压制对手，否则对手中的深度工作者定将超越你的表现。

杰克·多西是怎么回事

至此我已经论证了为什么深度工作在当今经济形势下变得越来越重要。但是，在我们接受这项结论之前，必须面对一类问题，这类问题经常在我探讨这个主题时被人提起：杰克·多西（Jack Dorsey）是怎么回事？

杰克·多西参与创建了推特，从首席执行官的职位上退出之后，他又创建了移动支付公司 Square。引用《福布斯》杂志对他的介绍来讲："他是个非常不安分的人，不断制造各种麻烦。"此外他也并没有多少时间处于深度工作状态。多西没有长时间不受干扰思考的奢侈机会，在《福布斯》为他撰写个人介绍时，他要承担推特（当时还是公司主席）和 Square 两家公司的日常管理工作，因此日程表极为精细，以确保公司有可预期的"每周例行事务"（它们使多西的时间和精力极度分散）。

比如，多西称他平均每天晚上睡前要审阅和批示 30～40 条会议记录。白天他充分利用这些会议间隙的宝贵时间来工作。"我有很多工作都会站在桌旁完成，任何人都可以来这里工作，"多西说，"这能够让我了解公司里的各种声音。"

这种类型的工作并非深度工作。用前文中的说法，多西在不同的会议中穿梭，还允许其他人在会议短暂的间隙随意打断他，其注意力残留极高。然而，我们并不能说多西的工作是浮浅的，因为正如前言中定义的，浮浅工作价值低，容易复制，而杰克·多西所做的工作有无限的价值，而且在我们的社会经济中得到了巨额回报（在写作本书时，他身处全球最富有的千人之列，净资产超过 11 亿美元）。

对于我们的探讨而言，杰克·多西的例子非常重要，因为他代表了一个我们无法忽略的群体：没有深度工作仍然取得成功的个体。本节的标题"杰克·多西是怎么回事"其实代表了一个更广泛的问题：如果深度工作这么重要，那么为什么有些分心的人表现也很好？作为本章的总结，我希望在此解答这个问题，避免在后续章节中深入探讨深度工作问题时，让你深受其扰。

开始之前，我们首先必须认识到，杰克·多西是一家大型公司（其实是两家公司）的高管。身居如此高位之人是没有深度工作仍能成功的主要群体，众所周知，此类高管的生活方式不可避免地要遭遇各种干扰。Vimeo（一家视频播客网站）的首席执行官克里·特雷纳（Kerry Trainor）这样说明自己可以多久不处理电子邮件："我可以整整一个周六，不看……嗯，白天大部分时间不看……我是说，我会查看邮箱，但是不必回复。"

当然与此同时，这些高管也得到了很好的补偿，他们在当今美国经济中的地位比历史上任何时期都更重要。杰克·多西没有因深度工作而取得成功，在其所处的精英管理层中是很常见的。明确了这一事实之后，我们必须退后一步提醒自己，这种现象并不会破坏深度工作的普遍价值。为什么？因为这些高管分心的必然性是其工作中特有的现象。从根本上讲，一名优秀的首席执行官就是一部难以自动化的决策引擎，与《危险边缘》游戏中 IBM 的"沃森"机器人没有太大区别。他们努力积累起丰富的经验库，打磨并证明了自己在市场中的灵敏嗅觉。而后他们全天都必须处理和解决电子邮件、会议、现场考察等纷至沓来的工作。要求一名首席执行官花上 4 个小时的时间深度思考单一问题，是浪费了他们的价值所在。最好是聘用 3 个聪明的副手，深度思考这些问题，然后将解决方案呈递给高管做决策。

这种特殊案例很重要，因为这种状况告诉我们，如果你是一家大型公司的高管，或许就不需要听取下述章节中的意见。另一方面，它也告诉我们，不能将这些高管的工作方法推至其他工作中。多西鼓励外界打扰，克里·特雷纳不断查阅电子邮件，虽然有这些案例，但并不意味着你学着他们的做法也能成功：他们的行为是公司领导者这个特定角色所特有的。

在阅读本书后续章节时，这种特别规则应该适用于其他类似的反面案例。我们必须时刻记住，在社会经济的某些角落，深度工作并没有价值。除了高管之外，还有部分类型的销售人员和说客，对他们而言，持续联系是其最大价值所在，甚至还有一些人身处深度工作有所助益的领域，却在备受干扰中经过艰苦努力取得成功。

与此同时，不要急于将自己的工作打上不需要深度的标签。你当前的习惯难以做到深度工作，并不意味着缺乏深度是做好工作的基础。比如，在下一章中我会讲述一群高效管理咨询师的故事，他们坚信持续的电邮联系是服务客户所必需的。当一位哈佛教授迫使他们更频繁地断开联系时，他们惊奇地发现，这种联系并没有他们想象中那么重要。客户并不需要时时联系到他们，而当精力分散减少之后，他们作为咨询师的表现反而有所提升。

与之类似的还有几位我认识的经理，他们想要让我信服，能够迅速应对团队的问题，避免项目拖延，才是他们价值的最大体现。他们认为自己的角色是增加他人的产出，而并不一定要保持自己的产出。然而经过后续讨论，我们很快就发现这个目标并不真正需要分散精力、保持联系。事实上，如今很多软件公司都采用了 Scrum（一种迭代式增量软件开发过程，通常用于敏捷软件开发）项目管理方法，避免了很多类似的即时消息，取而代之的是更规律、高度结构化、极端高效的情况会议（通常站着进行，避免东拉西扯的情形）。这种方法释放了更多的管理时间用于深度思考团队面对的问题，从而往往能够提高整体的产出价值。

换一种说法：深度工作并不是我们的经济中唯一有价值的技能，不培养这种能力也有可能做得很好，但是不需要深度工作的职业会越来越少。除非你有充分的证据证明在你所属的职业领域分散精力是重要的，否则根据本章前述论证，若你能够认真考虑深度工作，肯定会得到最好的效果。

第 2 章

深度工作是少见的

2012 年，脸谱网公布了由弗兰克·盖里（Frank Gehry）设计的新总部图纸。位于这座新大楼中央的是首席执行官马克·扎克伯格（Mark Zuckerberg）所谓的"世界最大的开放式房屋设计"：3000 多名员工将在遍布可移动办公设施的 4 万平方米空间中工作。当然，脸谱网并非硅谷唯一拥抱开放空间理念的公司。我们在上一章末尾谈到的杰克·多西买下《旧金山纪事报》（*San Francisco Chronicle*）旧大楼供 Square 使用的时候，他重新配置了空间，以便开发人员可以在共享长桌的公共空间里工作。"我们鼓励员工到开阔区域工作，因为我们相信意外发现以及员工互相协作有助于产生新想法。"多西解释道。

近年来，另一大商业潮流是即时通信的兴起。《纽约时报》的一篇文章称，这种科技已不再是"爱聊天的青少年之领地"，而是正在成为帮助公司"新增生产力和改善客户反应时间"的工具。IBM 的一位高级销售经理吹嘘称:"我们在 IBM 每天要发送 250 万条即时信息。"

最近加入商业即时通信领域的公司中有一家非常成功,名为 Hall,这家公司是硅谷的创业公司,致力于使雇员在聊天之外实现"实时协作"。我认识一位在旧金山工作的程序员,他向我介绍了在公司里使用 Hall 工作的情景。他解释称,最"高效"的雇员会对文本编辑器进行设定,当公司的 Hall 账户中有新问题或新评论发布时,他们的屏幕上会自动闪出提醒。之后他们就可以通过熟练的键盘敲击,转入 Hall 界面,输入他们的想法,然后几乎无任何停顿地跳转回原本的编码工作。我的朋友在描述他们的速度时流露出钦佩的表情。

第三种潮流是各种供应商在社交媒体上出现。传统媒体价值观的堡垒《纽约时报》现在也鼓励雇员发布推特消息——有 800 多名的报社记者、编辑和摄影师响应了号召,开立了推特账户。这并非异常行为,相反,而是已经成为新常态。乔纳森·弗兰岑(Jonathan Franzen)在《卫报》发表的一篇文章中将推特称作文学世界的"强制发展",因此遭到诸多嘲讽,称他落后于时代潮流。网络杂志 Slate 将弗兰岑的抱怨称作"对网络的孤独战争",而同为小说家的詹妮佛·韦纳(Jennifer Weiner)在《新共和》(The

New Republic）上撰写了一篇回应文章，在文中她辩称："弗兰岑孤独地发出只适用于自己的宗教权威法令。"具有讽刺意味的网络话题 # 讨厌乔纳森·弗兰岑 # 很快成为热门。

　　我提及这三种商业潮流是因为它们显示出了一种悖论。在上一章的最后，我称深度工作在不断变化的经济中的价值比以往都高。然而，如果这段话是真的，这项技能就应该得到广泛推广，不仅心怀雄心的个体会培养，各家组织也会期望多数雇员掌握。但如上述案例所讲，这种状况并没有发生。很多其他理念在商业世界中的重要度比深度工作更高，其中包括我们刚刚提及的偶然协作、即时通信和在社交媒体上的活跃参与。

　　很多潮流都比深度工作更为盛行，这本来已经够糟糕了，雪上加霜的是，这些潮流中有很多会大幅降低个人深度工作的能力。比如，开放式办公室或许能够提供更多的协作机会[1]，但是这要付出"精力严重分散"的代价——引用一家英国电视台所做的一项名为"办公室建筑的秘密生活"的实验结果："如果你刚沉下心来准备做某项工作，电话铃声突然响起，就会搅乱你的注意力。"为这个节目进行实验的神经科学家说："尽管在当时你没有感觉到，但是大脑会对干扰做出反应。"

1　我将在第二部分详细阐释这句话并不一定正确的原因。

　　类似的问题同样出现在即时通信系统上。从理论上讲，只有当你选择打开电子邮箱时它才会干扰到你，但是即时通信系统随时都是活跃的，从而放大了干扰的影响。加利福尼亚大学信息学教授格洛丽亚·马克（Gloria Mark）是注意力分散方面的专家。在一项被广为引用的研究中，马克及其联合作者观察了现实办公环境中的知识工作者，发现即使很短暂的干扰也会显著延长完成一项任务所需要的时间。"研究结果表明，干扰的出现极为有害。"她用典型的学术语言做了这样的总结。

　　迫使内容生产者使用社交媒体也会对其深度工作的能力产生负面影响。比如，严肃题材记者需要专注于严肃新闻——深入复杂来源，抽丝剥茧，找出线索轨迹，构思出具有说服力的文章，因此如果他们日间在网上有来有往地聊一些无聊的话，会打断深度思考，根本没有意义（甚至有些侮辱性），甚至会造成破坏性的干扰。德高望重的《纽约客》撰稿人乔治·派克（George Packer）在一篇关于自己为何不发推特消息的文章中很好地表达了这种担忧："推特就像社交上瘾者的可卡因。它之所以令我恐慌，不仅仅因为我从精神层面不屑于此，还因为我认为自己无法掌控它。我害怕自己最终会害我的儿子饿肚子。"值得一提的是，派克在写出这篇文章的时候正在写作《下沉年代》（*The Unwinding*）一书，该书一经出版很快便获得了美国国家图书奖（National Book

Award），尽管（或许是受益于）他不太使用社交媒体。

总结说来，当今商业世界的主要潮流大幅降低了人们深度工作的能力，尽管经论证这些潮流可期许的利益明显小于专注于深度工作所带来的利益。本章的目的在于解释这种悖论。我认为深度工作的缺乏并非源自这些习惯的本质缺陷。当我们深入探究在工作场所欣然接受干扰的原因时，我们会发现个中原因比想象中的更随意（因为我们对知识工作的定义含混不清）。我的目标在于说服你，尽管当前确实存在欣然接受干扰的现象，但是这种现象建立在一个不牢固的基础之上，一旦你决定培养深度工作的习惯，就很容易打破禁锢。

度量黑洞

2012 年秋天，大西洋传媒（Atlantic Media）的首席科技官汤姆·考克兰（Tom Cochran）震惊于自己用于处理电子邮件的时间。他按照技术专家固有的做法，决定量化这种令他不安的状况。他观察了自己的状况统计出，一周他会收到 511 封电子邮件，发送 284 封。在 5 天的工作日中，他平均每天处理 160 封电子邮件。考克兰进一步计算发现，即使平均每封邮件仅用 30 秒处理，每天也需要用上将近一个半小时的时间像个人体网络路由器一样传递信息。对于这样一项并不在主要工作职责中的内容，似乎花费的时间有些多了。

　　考克兰在一篇博客中回忆起自己为《哈佛商业评论》所做的一项实验，这些简单的数据使他联想到公司其他的员工。大西洋传媒的员工要花多少时间传递信息，而无法投入到自己专长的工作上？考克兰决心一探究竟，于是搜集了全公司每日处理电子邮件的数量和平均每封电子邮件字数的相关数据。之后，他综合了员工的平均文字输入速度、阅读速度和工资水平。结果，他发现大西洋传媒每年要支付 100 多万美元用于处理电子邮件，每接收或发送一封电子邮件，就要耗掉公司 95 美分的劳动力成本。"'自由且无阻力'的沟通方式，"考克兰总结称，"消耗的软性成本等同于购买了一架小型里尔喷射机。"

　　关于看似无害的行为带来的实际成本，汤姆·考克兰揭示了一项有趣的结果。但是这个故事真正的重要意义在于实验本身，尤其是其复杂性。结果显示，想要回答诸如"当前电子邮件习惯对财务净利润有什么影响？"一类的简单问题是非常困难的。考克兰需要利用信息基础设施进行一项全公司范围的调查，从而搜集数据。他还需要整理薪酬信息和打字、阅读速度信息，然后将所有数据输入到一种数据模型中，得到最终结果。即便如此，所得到的结果也并非无懈可击，比如这个过程无法分离出这些频繁、成本高昂的电子邮件处理过程产出了多少价值，来抵销其成本。

　　这个例子在大多数潜在妨碍或提升深度工作的行为上都普遍适用。尽管我们从抽象意义上认可这些干扰需要成本，而深度会带来价值，但是恰如汤姆·考克兰所发现的，此类影响很难衡量。这并不是与深度工作相关的习惯所拥有的特性：大致说来，由于知识工作者的工作复杂性比体力劳动者高，所以也更难衡量个体努力所带来的价值。法国经济学家托马斯·皮克提（Thomas Piketty）在研究高管工资的过度增长时对此点做了深入探究。他的核心假设认为："客观上，个体对公司产出的贡献难以衡量。"在这种度量缺失的情况下，高管薪酬远高于其边际生产力等非理性的结果就会出现。尽管皮克提理论的某些细节仍存在争议，但是引用一位批评者的话讲，其基础假设——衡量个人贡献越来越难——"毫无疑问是真实的"。

　　因此，我们不应期望破坏深度工作的行为对净利润的影响很容易被察觉。恰如汤姆·考克兰的发现，此类度量属于不透明区，难以轻松衡量。我将这个区域称作度量黑洞。当然，难以衡量深度工作相关的度量，并不意味着我们在商业中就应忽略其作用。我们有很多行为的例子，它们对净利润的影响虽然很难衡量，却能在我们的商业文化中蓬勃发展，比如，本章开篇提到的三种潮流或是令托马斯·皮克提困惑的超高的高管薪酬。但是如果没有清晰的度量，任何商业行为在面对不稳定的奇想和变化的力量时都是脆弱的，而在这种不稳定的混乱中，深度工作的表现尤其糟糕。

这种度量黑洞是本章下述争论的基础。在下面的章节中，我将介绍多种将商业推离深度工作、推向干扰的思维定式和偏见。如果能够清晰地证明这些行为会对净利润造成损害，它们便不会长久，但是度量黑洞使其危害无法清晰化，也使得职业世界中出现越来越多的干扰。

最小阻力原则

谈及工作场所中普遍存在的干扰行为，我们必须为占主导地位的联结文化留个位置，这种文化期望人们能够迅速阅读和回复电邮（及进行相关交流）。在研究这个主题时，哈佛商学院教授莱斯利·佩罗（Leslie Perlow）发现，她所研究的职场人员，每周在办公室之外的场所要花上 20～25 个小时的时间处理电邮——他们坚信收到任何电子邮件（内部的或外部的），一小时之内回复是非常重要的。

或许你会像很多人一样辩称，这种行为在很多快节奏的行业内是必要的。但事情恰在这里变得有趣了起来：佩罗考察了这种断言。她说服波士顿咨询集团（Boston Consulting Group）——一家高强度管理咨询公司，联结文化已经内化——允许她调节公司团队的工作习惯。她想要检验一个简单的问题：持续保持联结的状态是否真正有助于工作？为了达到这个目的，她采用了一些极端手段：她迫使团队中每一名成员在工作日中选一整天不上班，也就是说，和公司内外的任何人都断开联系。

"最初，这个团队抵制这项实验。"她回忆起其中一次尝试，"负责的合伙人一直对我的基本观点很支持，但这时也突然有些紧张，害怕告诉客户她团队中的每一个成员每周都有一天不工作。"那些咨询员也同样紧张，担忧他们这样做会"置事业于危机"。但是这个团队并没有失去客户，团队成员也没有丢掉工作。相反，这些咨询员在工作中找到了更多的乐趣，内部的沟通也更通畅，也学到了更多的东西（考虑到上一章中强调的技能发展与深度工作之间的关联，我们或许已经能够预测到这一点），而且或许最重要的是"为客户提供了更好的产品"。

由此引出一个有趣的问题：为什么有那么多的公司像波士顿咨询集团一样，培育了一种联结的文化，尽管如佩罗在研究中发现的，此举会损害员工的幸福感和生产效率，而且很可能无助于提高收益？我想答案可以从下述现实的职场行为中找到。

最小阻力原则（The Principle of Least Resistance）：
在工作环境下，若行为对于净利润的影响没有得到明确
的反馈意见，我们倾向于采用当下最简单易行的行为。

回到为何联结文化会持久不衰的问题上。根据这一原则，答案是因为这样更简单。至少有两个重要原因可以证明：第一个原因关乎对个人需求的响应。如果在你所处的工作环境下，提出问题能够立刻得到答案，需要某一特定信息能够立刻得到，那么你的生活就会变得更简单。如果无法得到这样迅速的响应，你就需要做更多的预先计划，需要更具条理性，同时还要时刻准备暂时搁置工作，将注意力转移到别处，等待所提要求达成。所有这些都将使你的日常工作生活更加艰难（尽管从长期来讲，这样做能够得到更令人满意、更好的结果）。

本章前文中提及的职业场合即时通信的兴起，将这种思维方式推向极致。如果一小时内能够得到电子邮件答复可以使你的工作变得轻松，那么在一分钟内通过即时消息获取答案则可以成倍提升轻松度。

联结文化可以使生活更简单的第二个原因在于，它可以创造出一种环境，在这种环境下利用收件箱管理一天的工作是可以被接受的——欣然回复最新的信件，其他的则堆积在那里，同时还感觉自己的效率令人满意。如果将电子邮件放到一边，你就需要采用一种更深思熟虑的方式，理清下一步的工作内容以及工作时长。这种计划是很困难的。比如，我们可以参考戴维·艾伦（David Allen）在《搞定》（*Getting Things Done*）一书中提出的任务管理法，这是一种广受认可的体系，用于灵活管理工作任务。这个体系提出 15 元素流程图，用于决策下一步工作。相比之下，简单地按照收到电子邮件的顺序开展工作要容易太多了。

　　我选择以持续联结为例进行探讨，但这只是商业行为中与深度相对立的（也很可能会降低公司创造的利润价值）诸多例子之一，这些行为的盛行是因为在缺乏度量的环境下，大多数人都会选择最简单的。

　　再举一个例子，比如频繁召开的项目例会。这些会议往往使你无法持续专注，导致日程无法及时完成，变得支离破碎。为什么还要坚持？因为简单易行。对于很多人而言，这些例行会议是一种简单的（但同时也是笨拙的）人员管理形式。他们不愿自己去管理时间和工作任务，而是让每周迫近的例会迫使他们在给定项目上采取一些行动，或者提供一种取得进展的可视幻象。

　　再想象一下将电子邮件转发给一位或多位同事的惯常行为，转发时还附上开放式的询问标签，比如："想法？"。此类电子邮件只需耗费发送者几秒钟的时间，但是却需要收件人耗费数分钟甚至几小时，来整理出一个连贯的应答。只要发送者稍微用心一点雕琢发送的信息，就能大幅减少各方在这封邮件上耗费的总体时间。那么为什么此类很容易避免且非常耗时的电子邮件如此普遍？从发送者的角度来讲，因为更简单。这是耗费最少精力清理他们收件箱的方式——至少是暂时清理了。

最小阻力原则受到度量黑洞的保护，少有人对其加以审视，在这种原则支配下的工作文化，免去了我们短期内对保持专注和做计划的忧虑，却牺牲了长期的满足感和真实价值的产出。这样一来，最小阻力原则就驱使我们在深度工作愈发受到青睐的经济形势下流于浮浅工作。然而，这并非唯一一种利用度量黑洞降低深度的趋势。我们还要考虑一直存在，也一直令人烦恼的"生产能力"要求。我们将在下一节探讨这个主题。

忙碌代表生产能力

在一所研究型大学里做教授有很多难处，但做这一行有一点好处，就是标准清楚。作为学术研究员，工作表现的好坏都可以归结为一个简单的标准：你是否发表了重要的论文？这个问题的答案甚至可以量化为一个数字——比如 H 指数（H-index）：一个以其发明者乔治·赫希（Jorge Hirsch）命名的公式——分析你发

表的文章数和被引用数，然后统计出一个你在所处领域影响力的
大概数值。比如，在计算机科学领域，H 指数达到 40 以上是很
难的，一旦达成，就意味着你将拥有牢固稳定的职业生涯。另一
方面，如果你的 H 指数只有个位数，在做教职评估时恐怕就要遭
遇麻烦了。学术研究人员搜索论文的流行工具谷歌学术（Google
Scholar）甚至会一周数次自动计算出你的 H 指数，以便你注意
到自己所处的位置。（今早写作本章的时候，我的 H 指数是 21。）

　　这种明晰的要求使教授采用和放弃某种工作习惯的决策变
得简单。比如，下面一段是已故诺贝尔奖获得者、物理学家理查
德·费曼（Richard Feynman）在一次采访中对一种并不是太正统
的生产能力策略的解释：

　　　　要真正做好物理工作，你需要大块实在的时间……
　　需要很高的专注度……如果你要负责任何行政事务，就
　　不会有这样的时间。因此我还有另外一种自我认知：我
　　是不负责任的。我主动逃避责任。我和所有人都说，我
　　什么都不做。如果有人请我到某个许可委员会任职，我
　　会告诉他们："不行，我是个不负责任的人。"

　　费曼固执地逃避行政职责，因为他知道这些事务只会降低

他的工作能力，让他无法出色地完成职业生活中最重要的事务：真正做好物理工作。我们应该可以认定，费曼并不善于回电子邮件，如果要他搬到一间开放式办公室或发推文，他很可能会转去别的大学。清楚了重要的工作，同时也就清楚了不重要的工作。

我举教授的例子是因为他们在知识工作者中算是特例，大多数知识工作者在工作中到底做得多好，并不像教授一样一目了然。下面一段话是社会评论家马修·克劳福德（Matthew Crawford）对这种不确定性的描述："经理栖居于一片迷茫的精神领地，受冥冥中难以捉摸但必须应答的命令驱使而焦躁不安。"

尽管克劳福德的话特指知识工作中层管理人员的困境，但是他所说的"迷茫的精神领地"却适用于这个领域的很多职位。正如 2009 年在《摩托车修理店的未来工作哲学》（*Shop Class as Soulcraft*）一书中所述，克劳福德辞去了华盛顿智囊团主管的职位，开了一家摩托车修理铺，以此躲避迷茫。收到一件坏掉的机器，努力修好它，享受具象化的成功喜悦（车子靠自己的动力驶出店铺），获得一种实在的成就感，这种成就感恰是他在迷茫地围着报告和沟通策略团团转的日子里追求的。

很多知识工作者面临着同样的现实状况。他们想要证明自己是有生产能力的团队成员，能够胜任自己的职位，但是他们完全不清楚这项目标到底该如何体现。他们没有不断提高的 H 指数，也没有修好的摩托车来作为自身价值的证据。为了解决这个问题，很多人都追溯到生产能力尚可观察到的时代：工业时代。

可以回忆一下伴随着生产线的兴起而盛行的效率运动（Efficiency Movement），尤其典型的是创始人弗雷德里克·泰勒（Frederick Taylor），他广为人知的做法是拿着秒表监测工人的动作效率——寻找提升工人完成任务速度的方法。在泰勒的时代，生产能力没有任何歧义：单位时间产出产品的数量。似乎在当今的商业领域，很多知识工作者别无他法，只能转向这种传统的生产能力概念，试图在职业生活的茫然之地稳固自身价值——比如戴维·艾伦甚至用"装配小部件"（cranking widgets）这一词语来形容高效的工作流程。我认为知识工作者越来越多地表现为可视的忙碌，是因为他们没有更好的方法证明自身价值。我们来给这种倾向性起一个名字。

忙碌代表生产能力（Busyness as Proxy for Produc-
tivity）：在工作中，当生产能力和价值没有明确的指标时，
很多知识工作者都会采用工业时代关于生产能力的指标，
以可视化的方式完成很多事情。

这种思维方式为很多有损深度的行为提供了另一种解释。如果你随时都在收发电子邮件，如果你不断安排、参加会议，如果有人在 Hall 之类的即时通信系统中发布一个新问题，让你在几秒钟内就参与其中，又或者你在开放式办公室中漫步，随时向遇到的人道出自己的想法——所有这些行为都可以使你在公众眼里看似很忙碌。如果你将忙碌看作生产能力，那么想要自己和他人信服你的工作做得很好，这些行为就至关重要。

这种思维方式并不一定是非理性的。对于有些人而言，他们的工作的确要依赖于此类行为。比如，2013 年雅虎的新任首席执行官玛丽莎·梅耶尔（Marissa Mayer）禁止员工居家工作。她查看了雅虎员工远程登录公司服务器的虚拟个人网络服务器记录后才做出了这个决定。梅耶尔很失望，因为在家工作的员工白天登录服务器的时间不够多。从某种意义上讲，她不满意员工没有花更多时间查看电子邮件（登录服务器的首要原因之一）。她传递出这样的信号："如果你看起来不忙碌，我就认为你的产出不高。"

然而，从客观角度来看，这种理念已经过时了。知识工作并非生产线，从信息中提取价值的行为往往并不忙碌，也并非靠忙碌支撑。

比如我们在上一章中提到的沃顿商学院最年轻的正教授亚

当·格兰特就常常与外界隔绝，专注于写作。此类行为与外在忙碌恰好相悖。如果格兰特为雅虎工作，玛丽莎·梅耶尔或许会辞退他，但是这种深度策略却能创造出巨大的价值。

如果我们能够证明这种刻意忙碌的过时做法会对创造利润带来负面影响，当然就可以摒弃之，但是度量黑洞却在此时出现，使我们无法得到明确结果。工作含糊，加之评价策略有效性的度量缺失，二者相互作用使一些从客观角度看来滑稽可笑的行为，在日常工作难以把握的精神领地长盛不衰。

然而在下文中，我们会发现，即使是在那些对于何为成功有明确定义的知识工作任务中，还是有可能失掉深度。只需要一种有足够诱惑力的理念，就可以说服你丢掉常识。

对互联网的顶礼膜拜

我们来看一下艾丽萨·鲁宾（Alissa Rubin）的例子。她是《纽约时报》巴黎分部的主管。在此之前她是阿富汗喀布尔分部的主管，当时她在前线报道那里的战后重建工作。大约在我写作本章的时候，她发表了一系列言辞激烈的文章，深入窥探了法国政府在卢旺达大屠杀期间的合谋之罪。换言之，鲁宾是一位拥有卓越职业技能的严肃记者。她也会发推文，但是我认定她的这种做法是在雇主的不断强烈要求下才做的。

鲁宾的推特账户每隔 2～4 天定时发布一些零散消息，仿佛是收到了《纽约时报》社交媒体办公室（真有这么一个部门）的定时通知，提醒她要安抚粉丝。除少数个例，这些推特消息大多只是简单地提及她最近阅读、喜欢的一些文章。

鲁宾是一名记者，而非社交名人。她对报社的价值在于探寻重要新闻源头、综合事实、写出引人注目之文章的能力。正是全球各地如艾丽萨·鲁宾一样的记者为《纽约时报》带来了声誉，而这种声誉恰恰是这份报纸在鼠标阅读风行的年代取得商业成功的基础。那么为什么要劝说艾丽萨·鲁宾时时打断这种必要的深度工作，为一家总部都不在硅谷的无关媒体公司提供免费、肤浅的内容？或许更为重要的是，为什么这种行为在大多数人的眼中看似很正常？如果我们能够回答这些问题，就能够更好地理解我希望探讨的最后一种潮流，为什么深度工作如此罕有？

我们对于这个问题的答案可以从已故传播学理论学者、纽约大学教授尼尔·波兹曼（Neil Postman）提出的一个警告中找到基础。20 世纪 90 年代初期，个人电脑发展进入快车道，波兹曼在文章中称我们的社会与科技的关系愈发令人不安。他写道："我们不再权衡新科技的利弊，不再平衡新增效益和引发的新问题之间的关系。我们自以为是地认定只要是高科技就是好的，不用再做探讨。"

他将这种文化称作技术垄断（Technopoly），在提出警醒时也没有拐弯抹角："技术垄断阻断了其他选择，恰如奥尔德斯·赫胥黎（Aldous Huxley）在《美丽新世界》（*Brave New World*）中概括的一样。"他在 1993 年出版的一本同主题著作中写道："技术垄断并不会使其他选择违法，也不会令它们不道德，甚至不会使它们不受欢迎。只不过会使它们隐形，变得无关紧要。"

波兹曼于 2003 年去世，如果他活到今天，恐怕也会惊讶于他在 20 世纪 90 年代的担忧如此快地成为现实。所幸，在网络时代，波兹曼有继承人继续宣扬他的观点：著名社会批评家叶夫根尼·莫罗佐夫（Evgeny Morozov）。莫罗佐夫在 2013 年的著作《技术至死》（*To Save Everything, Click Here*）中尝试揭开我们对"网络"（他刻意加上引号，以强调其在意识形态中起到的作用）的技术垄断式迷恋，他说："恰恰是将'网络'作为智慧和政策建议来源的倾向，使其从相当无趣的电缆和网络路由器转变为具有魅力且令人兴奋的意识形态，或者说是当今的超级意识形态（Uber-Ideology）。"

莫罗佐夫在评论中称，我们将"网络"当作商业和政府革命性未来的同义词。使公司更像"网络"就意味着与时俱进，忽略这种潮流就是远远落后于时代的老古董。我们不再将网络工具看作一种由逐利的公司推出，由希望获得回报的投资者提供资金，由二十几个人经营，经营过程中时不时编排出一些噱头的产品。相反，我们急于将这些小玩意奉为至宝，作为进步的象征和新世界的先声。

这种网络中心主义（盗用莫罗佐夫的又一说法）恰是当今技术垄断的真实模样。认清这一事实对我们很重要，因为这恰恰解释了我们本节开头提出的问题。《纽约时报》一直有一个社交媒体办公室，给艾丽萨·鲁宾之类的记者施加压力，要求他们做一些分散精力的工作，因为在以网络为中心的技术垄断时代，此类举动容不得半点讨价还价。不积极拥抱网络产物的其他选择，则如波兹曼所说，"隐形，变得无关紧要"。

这也解释了此前我们提及乔纳森·弗兰岑敢于宣扬小说家不应发推特时引起的轩然大波。人们之所以因此心怀怒气并不是因为他们深谙图书市场，也并非不同意弗兰岑的结论，而是因为他们惊讶于一个严肃的人会认为社交媒体无关紧要。在以网络为中心的技术垄断时代，此种宣言无异于焚烧国旗——是一种亵渎，而非争辩。

这种思维方式在现实中或许可以通过我最近一次去乔治城校园上班的经历来体现。我在红灯后面等着通过康涅狄格大道，车停在一辆冷链运输公司的卡车后面。冷链运输是一种复杂且竞争性很高的行业，要求同时具备管理交易方和线路设计的技能。这是为数不多的传统行业，在很多方面都与当前引人注目的面向客户的科技创业公司背道而驰。然而，当我排在这辆卡车后面等红灯时，令我吃惊的不是这家公司的复杂性和规模，而是一张定制的图片（花费想来一定不菲），张贴在整个卡车队的后车厢上——上面写着："在脸谱网上关注我们。"

在技术垄断的时代，深度工作有很大的劣势，因为它所创建的品质、匠心和通达等价值都是传统的，与技术垄断无关。更糟糕的是，支持深度工作往往要抵制新的高科技。深度工作已经被分散精力的高科技行为取代，比如让专业人员使用社交媒体，但个中原因并不是前者在实践中劣于后者。其实，如果我们有切实的衡量标准判断两类行为对最终利润的影响，当前的技术垄断现象可能就会消失。但是度量黑洞阻碍了这种清晰的判定，使我们视所有与网络相关的事物为莫罗佐夫担忧的"超级意识形态"。在这种文化中，我们就不应讶异于深度工作不受重视，而炫酷花哨的推文、点赞、贴图、上墙、发帖和其他很多类似行为大行其道了。

对生意来讲是坏事，对个人来讲是好事

深度工作在当今的商业气候下应该成为优先考虑的事情，但

现实却并非如此。我们在上文中总结了出现这种矛盾现象的各种原因。包括深度工作很难，浮浅工作更简单；当工作中没有明确目标时，围绕浮浅工作的表面忙碌会成为一种本能；在我们的文化中已经形成了一种信念，认为与"网络"相关的行为都是好的，不论其对我们创造有价值事物的能力有何影响。由于深度工作的价值以及忽略深度工作所造成的损失很难直接衡量，这些潮流才会大行其道。

如果你相信深度工作的价值，那么对商业整体而言将是一个坏消息，因为这种信念会让他们失去价值产出的巨大增长潜力。但对你个人而言，这却是好消息。同伴和雇主的短视，使你获得了巨大的个人优势。假定上文列出的潮流继续下去，深度工作将变得愈发罕有，其价值也因此会越来越高。我们刚在上文中论证了深度工作并无本质缺陷，妨碍深度工作的令人分神的行为也并非必需，由此你便可满怀信心地继续本书的终极目标：系统地培养个人进行深度工作的能力，并由此获得丰富的成果。

第 3 章

深度工作是有意义的

里克·富勒尔（Ric Furrer）是一名铁匠。他擅长于古代和中世纪金属加工技艺，他在自己的店铺多尔县锻造铺（Door County Forgeworks）里不遗余力地锻造旧时的金属器具。"我所有的工作都是手工完成，使用的工具都能增强我的力量，同时也不会限制我的创造力，不会妨碍我与材料的交流。"他在创作者自白中这样解释道，"我用手工锤击 100 次才能完成的工作，大型锻造机一下就能完成。但这么做与我的目标相悖，我要让自己所有的作品都留下双手工作的痕迹。"

2012 年的一部美国公共广播公司（PBS）的纪录片带我们稍稍领略了富勒尔的世界。我们了解到，他在威斯康星乡村的一个改造谷仓里工作，距离密歇根湖（Lake Michigan）的斯特金湾（Sturgeon Bay）景区不远。富勒尔经常敞开谷仓的大门（可以看出是为了释放熔炉散发的热量），努力工作的身影镶嵌在一片田野中，延伸至遥远的地平线。周围的景色闲适恬静，但第一次看到他工作，会感觉非常野蛮。在纪录片中，富勒尔正在努力重造一柄维京时期的剑。开始时他使用一种有 1500 年历史的技艺熔炼坩埚钢——一种超乎寻常纯净的铁（在一段时期里）。最后熔炼出来一块铸锭，比三四部智能手机堆放在一起大不了多少。这块密实的铸锭要经过铸造打磨，才能做成一柄考究的长剑。

"开始的这个阶段会比较困难。"富勒尔一边对着镜头说，一边很有章法地加热铸锭，用锤子锤击，将铸锭翻转，再锤击，将其放入火焰中熔烧，如此循环往复。旁白透露，完成塑形的锤炼过程需要 8 个小时。然而，当你看着富勒尔工作的时候，对这种苦役的情感却发生了改变。很明显，富勒尔并不像拿着鹤嘴锄采矿的矿工一般闷头锤击铁块：尽管每一击都很用力，但也都是小心控制的。他透过知性的薄框眼镜（在他浓密的大胡子和宽阔的肩膀上似乎有些错位感），心无旁骛地打量着这片铁，每次锤击之后都极为小心地翻转。"动作一定要轻柔，否则就会弄碎它。"他解释说。他又用锤子击打了几次之后补充道："你得轻推细捻，慢慢地，它就蜕变了，然后你就可以欣赏了。"

大约在锻造过程的中段，富勒尔已经锤炼出期望的形状，便将铁片架到一条狭长的装着燃烧焦炭的槽子上小心地翻烤。他盯着剑身，不知哪里发出咔嗒的声响："好了。"他举起这柄通红灼热的剑，将剑身举得离身体远远的，迈着大步，迅捷地向一个装满油的大桶走去，把剑身浸到油里，冷却下来。剑身没有裂成碎片——来到这一步时经常会出现碎裂的情况。富勒尔稍微舒缓了片刻，将剑身从油中取出。这片金属上残余的热量点燃了油，将整把剑淹没在黄色的火焰中。富勒尔用一只粗壮的手臂将燃烧的剑举过头顶，凝视了片刻，吹灭了火焰。在这短暂的停顿中，火焰照亮了他的面庞，他那崇敬的表情清晰可见。

"要做得恰到好处才行。这是我能够制作的最复杂的东西，"富勒尔解释说，"正是这种挑战给了我动力。我不需要一把剑。但是我必须造剑。"

里克·富勒尔是一位工匠大师，日常工作要求他大部分时间都要保持深度工作状态，稍有分神便会使数十小时的努力付之一炬。同时他也在自己的职业中找到了巨大的意义。在工匠的世界里，这种深度工作与美好生活之间的联系很惯常，也得到了广泛的认可。"依靠手工能力在世界中切实地展现自己，由此得来的满足感可以使人变得恬静平和。"马修·克劳福德解释说。我们也相信他的话。

但是当我们将注意力转移到知识工作上时，这种联系就显得模糊不清了。里克·富勒尔一类的工匠面对的职业挑战容易定义，但是难以实施——在寻找目标时，这种不平衡性很有用。知识工作则是模糊不清的。要定义一名知识工作者到底做的是什么工作，与其他知识工作者的工作有何区别是很难的：有时候，似乎所有的知识工作都能归结为令人精疲力竭的电子邮件和幻灯片，只是幻灯片中用的图表不同，才区分了不同的职业。富勒尔看透了这种世况，他写道："我对信息高速公路和网络空间世界看得很淡，也不太感兴趣。"

另外一种模糊了知识工作中深度工作和工作意义之间关系的声音是，呼唤知识工作者在浮浅活动上花费更长的时间。恰如上一章中的论证，在我们所生活的时代里，任何与网络相关的事物都被默认为是具有创新性和必需的。即时回应电子邮件和活跃在社交媒体上等有损深度工作的行为受到赞美，而逃避这些潮流的行为则会遭受质疑。不会有人苛责里克·富勒尔不使用脸谱网，但是如果一名知识工作者做出同样的决定，那么他就会被打上怪胎的标签（我亲身经历过）。

然而，虽然在知识工作中深度与意义之间的联系并不明晰，但并不意味着这种联系是不存在的。本章的目的在于说服你相信深度工作能够在信息经济时代创造出如工匠经济时代一样的满足感。在接下来的段落中，我将从三方面来论证。这几种论证从狭义到广义：从神经学角度开始，而后转入心理学角度，最后以哲学角度做总结。我将证明，不管你从何种角度阐释深度和知识工作的问题，只要你主动接纳深度工作，抛弃肤浅，都可以发掘出个中意义，就像里克·富勒尔那样的工匠一般。由此引出第一部分最后一章的主题——深度的生活不仅仅可以让你从经济上获益，还能让你变得充实起来。

从神经学角度论证深度

科学作家威妮弗雷德·加拉格尔（Winifred Gallagher）在一段不期而至的可怕经历之后被确诊癌症。"不仅仅是癌症，"她解释说，"而且是那种特别难缠的晚期癌症。"然后，她意外发现了注意力和幸福感之间的关系。加拉格尔在 2009 年出版的《全神贯注》（Rapt）一书中回忆，诊断之后她离开医院，突然萌生出一种强烈的直觉："这种疾病想要控制我的注意力，但是我要尽可能专注于自己的生活。"此后的癌症治疗令人精疲力竭，糟糕透顶，但是加拉格尔经过多年职业科学写作锻炼出的大脑不禁注意到，她刻意专注于生活中好的方面——"电影、散步和傍晚 6 点 30 分的一杯马提尼"——产生了令人惊异的好效果。她的这段人生本应淹没于恐惧和遗憾之中，但她发现其实这段生活经历常常很愉快。

这段经历激起了加拉格尔的好奇心，于是她开始探究注意力——我们选择去关注哪些事物、忽略哪些事物——对于我们生活质量所起的作用。经过 5 年的科学报道，她确信自己见证了一种大脑的"大统一理论"：

> 就如手指指向月亮的故事一样[1]，从人类学到教育学，从行为经济学到家庭咨询，各种学科都认为熟练管理注意力是优质生活的重要因素，几乎也是改善人生各类体验的核心。

这种理念与大多数人对自己人生主观经历的认识完全相悖。我们倾向于将更多的注意力放在所处的环境上，认为发生在我们身上的事情（或者没有发生的事情）决定了我们的感受。从这个角度来看，你如何度过一天这种小细节并不重要，因为真正重要的是一些大成果，比如你是否得到升迁或住进更漂亮的公寓。据加拉格尔所述，科学家数十年来的研究结果恰与这种理解相抵触。我们的大脑是依据我们关注的事物来构建世界观的。如果你关注的是癌症诊断，你的生活就会变得不幸福、暗无天日；但是如果你关注的是晚间的一杯马提尼，你的生活将变得更加美好——尽

---

[1] 李小龙曾说过："不要思考。去感受。就好像手指指向月亮，不要只顾着盯住手指，否则你将错过神圣的光耀。"——译者注

管两种情境下的外部环境都是一样的。加拉格尔总结道："你的为人、你的思考、你的感受和所做之事，以及你的喜好，恰是你所关注事物的概括。"

在《全神贯注》一书中，加拉格尔搜集了支持这种观点的研究。比如，她引用了北卡罗来纳大学教堂山分校的心理学家芭芭拉·弗雷德里克森（Barbara Fredrickson）的研究成果。弗雷德里克森是一名专攻情绪认知评估的研究人员，她的研究显示，在一段痛苦不安的人生经历之后，你选择关注的事物将极大地影响你对未来生活的态度。这些简单的选择可以为你的情绪提供一个"重置按钮"。她举了一对夫妇因家务分配不均而吵架的例子。她建议："不要继续关注伴侣的自私和懒惰，你可以换个角度想，至少有一件引起夫妻不和的冲突事件摆上了台面，这将是解决问题的第一步，也是改善你个人情绪的第一步。"这样做看似仅仅是劝人凡事往好处看，但是弗雷德里克森发现，在经历过负面事件之后，熟练使用这些情绪"影响力点"可以产生极为积极的效果。

科学家可以从神经学层面来观察此类行为的效果。在此举一例，斯坦福大学心理学家劳拉·卡斯滕森（Laura Carstensen）利用 fMRI（功能磁共振成像）研究实验对象面对积极和消极意象时的大脑行为。她发现年轻人面对两种意象时，杏仁核（情绪中心）都有活跃的反应。而扫描年长的实验对象时，杏仁核则只对积极的意象有反应。卡斯滕森因此假设年长的实验对象经过训练，前额皮质在面对负面刺激时会抑制杏仁核的活动。这些年长的实验对象之所以更幸福，并非因为他们的生活环境优于年轻的实验对象，而是因为他们重置了自己的大脑，忽略负面的信息，尽情享受积极的信息。通过熟练掌控自己的注意力，他们在没有做出任何实际改变的情况下，改善了自己的世界。

现在我们可以回过头，利用加拉格尔的大统一理论更好地理解深度工作对生活质量的提升有怎样的作用。这个理论告诉我们，你的世界是你所关注事物的产物，你可以由此思考一下，当你在深度努力状态下投入大量时间之时，所构建的精神世界是何种类型。不管你是造剑的里克·富勒尔，还是一名优化算法的计算机程序员，都能在深度工作中感受到引力和重力。加拉格尔的理论也因此判定，如果你在这种状态下度过足够长的时间，你的大脑就会认为你的世界具有丰富意义和重要性。

然而，在日常工作中培养全神贯注的能力还有另一个同样重要的隐藏益处：当这种全神贯注的状态占据了你的感官，会使你避免很多充斥在我们生活中难以回避的、细小不快的事情[1]。这种

1　出自心理学家米哈里·契克森米哈赖（Mihaly Csikszentmihalyi）。我们在下一节里会详解他的理论，他明确指出了培养"高度的专注能力，以至于没有任何注意力留作思考其他任何不相关或令人困扰的问题"的益处。

好处在知识工作中尤为突出，因为知识工作依赖于时时刻刻的联系，由此产生了极度吸引人注意力的大量分心之事，如果给了它们足够多的注意力，这些分心之事大多都会从你头脑所构建的世界中榨取意义和重要价值。

为了使这个论断更为坚实，我将以自己为测试案例。比如，回顾我开始写作本章第一稿之前发送的 5 封电子邮件。下面是这些邮件的标题以及内容概要：

·**回复：紧急！卡尔·纽波特商标注册确认**。这条消息是对一个典型骗局的回应。一家公司想要欺骗网站拥有者在中国注册域名。因为他们不停地给我发垃圾邮件，我非常恼怒，于是给他们回复（当然也不会有什么效果），告诉他们，哪怕在电子邮件里能把"网站"一词拼写正确，他们的骗局都会更可信一点。

·**回复：SR**。这条消息是与一位家庭成员的对话，探讨他在《华尔街日报》上读过的一篇文章。

·**回复：重要建议**。这封电邮是关于优化退休投资策略的。

·**回复：转发：学习技巧**。这封电邮是一段对话的一部分，我试图约见一位来到我所在城市拜访的熟人——这件事很麻烦，因为他这次旅行的行程非常细碎。

·**回复：仅仅是好奇**。这条消息是一段对话的一部分，在这段对话中，一位同事和我探讨了一些令人苦恼的办公室政治问题

（学术单位老生常谈的一些问题）。

这些电子邮件是很好的案例，可以代表知识工作背景下吸引你注意力的浮浅关注点。上述信息中有一些是无害的，比如探讨一篇有趣的文章；有些会带来些许压力，比如讨论退休投资策略（这类对话的结论几乎都是现在的做法是不对的）；有些令人焦头烂额，比如在忙碌行程中安排一次会面；还有一些明显是极为消极的，比如愤怒地回应骗子或是焦虑地与人交流办公室政治。

很多知识工作者工作日的大部分时间都用于此类浮浅的交流。即使要求他们完成某项需要专注的任务，不断查看收件箱的习惯也会使这些浮浅的事务占据他们注意力的中心。加拉格尔教育我们，这样度日是愚蠢的，因为这样下去，你的大脑就会形成固定印象，认为你的工作生活充满了压力、烦扰、沮丧和琐事。换言之，你并不适宜栖居在由电子邮件代表的世界里。

即使你的同事都很友好，交流也总是积极向上的，但如果你纵容注意力时不时转移到浮浅任务之上，也将面临陷入另外一种神经学陷阱的风险。加拉格尔是这样描述这种神经学陷阱的："专注报道注意力相关话题已经 5 年多了，我了解了一些令人不快的真理，其中之一就是'游手好闲是万恶之源'……当你失去关注点时，头脑不会想着生活中的好事，而会纠缠于生活中可能出现的问题。"从神经学角度来看，靠浮浅事务度过的一天很可能会是枯燥、令人沮丧的一天，即使抓住你注意力的浮浅事务看似无害，甚至有趣。

这些发现暗含的意义很清晰。在工作中（特别是在知识工作中），增加深度工作时间可以有效影响人脑这台复杂的机器。多种不同的神经学理论表明，此种影响将使你对工作生活的意义和满意度得到最大的提升。"经过抗癌这段艰苦的经历……我为余生做了计划。"加拉格尔在她的书中总结说，"我将精心选择目标……然后全情投入。简言之，我将活出专注的人生，因为这是最好的选择。"如果我们够聪明，应该追随她的步伐。

从心理学角度论证深度

关于深度的第二种论证源自米哈里·契克森米哈赖的研究成果，他是全球最知名的心理学家之一（也是最容易被拼错名字的心理学家之一）。20 世纪 80 年代初期，契克森米哈赖在芝加哥大学与一位年轻的同事里德·拉森（Reed Larson）合作，创造了一种新的方法，用于理解日常行为的心理学影响。当时，还很难准确地衡量不同行为的心理学影响。如果你请某人进入实验室，请她回忆数小时之前某个特定时间点的感受，她很难回忆起来。而如果你给她一个日记本，请她随时记录下一天的感受，她也不太会认真记录——全记下来的话，工作量太大。

契克森米哈赖和拉森的创举在于他们采用了新方法（在当时），在恰当的时机向实验对象提出问题。详细讲来，他们为实验对象配备了传呼机。这些传呼机将在随机选定的时间点响起（如今智能手机软件扮演着同样的角色）。当传呼机的响声停下时，实验对象需要记下那个时刻自己正在做的事情以及他们的感受。有时候，实验对象会得到一本笔记本，用于记录这些信息；另一些时候，实验对象会拿到一部电话，用于与调查人员通话，回答他们提出的问题。因为传呼机只是偶尔响起，而且很难忽略，所以实验对象基本都会遵守实验程序。另外，由于实验对象记录的是对那一时刻所进行的活动的反应，所以结果也更加精确。契克森米哈赖和拉森将这种方法称作经验抽样法（ESM），这种方法为我们了解个人对日常生活节奏的真实感受提供了前所未有的洞见。

契克森米哈赖有很多创举，而在经验抽样法方面的努力帮助他证实了十多年来一直研究的理论：“当一个人的身体或头脑在自觉努力完成某项艰难且有价值的工作过程中达到极限时，往往是最优体验发生的时候。”契克森米哈赖将这种心理状态称作“心流”（这个术语因他在 1990 年出版的同名著作而广为人知）。当时，这种发现与传统智慧是相矛盾的。大多数人认为（直到现在仍是如此），放松令人愉悦。我们想要少工作，在吊床上悠闲地过

上更多的时间。但是契克森米哈赖的经验抽样法研究揭示，大多
数人都想错了：

> 具有讽刺意味的是，工作其实比休闲时光更容易带
> 来享受，因为工作类似于心流活动，有其内在目标、反
> 馈规则和挑战，所有这些都鼓励个人积极参与到工作中，
> 专注其中，全身心投入。休闲时光则组织松散，需要很
> 大的努力才能创造出值得享受的事情。

通过实验方法研究后发现，人们在工作时比想象中更愉悦，
而在放松时则没有想象中那么快乐。恰如经验抽样法研究所证实
的，在一周内的心流经历越多，实验对象的生活满意度就越高。
这样看来，人类在深度沉浸于某项挑战时才是最好的自己。

当然，心流理论和上一节里重点介绍的威妮弗雷德·加拉格
尔的观点有些重叠。二者都强调了深度工作比浮浅工作更重要，
但二者关注的是两种不同的解释。加拉格尔的观点强调我们关注
的内容很重要。如果我们全情投入在重要的事情上并忽略浮浅的
负面事物，我们会感到工作和生活也会变得更积极。相反，契克
森米哈赖的心流理论几乎不论及我们所关注的内容。他的理论认
为，单单是深度工作的感受本身就能带来巨大的回报。不管是什

么工作，我们的头脑都喜欢这样的挑战。

深度工作与心流之间的联系其实很清晰：深度工作是一种非常适合产生心流状态的活动（契克森米哈赖认为可以产生心流的活动包括将脑力开发到极限、专注、达到忘我的活动——这些概念也都可以用于描述深度工作）。正如我们刚了解到的，心流能产生愉悦。结合这两种观点，我们得到了有力的心理学论据来证明深度工作的好处。从契克森米哈赖原始的经验抽样法实验起，数十年的研究证实了深度工作可以唤醒意识，使生活更有价值。契克森米哈赖甚至还提出现代公司应该欣然接受这种现实，他建议"重新设计工作，做到尽可能与心流活动相似"。然而，契克森米哈赖意识到，如此设计工作会很困难，且易于造成混乱（例如我在上一章中提出的论断），因此后来又解释，更重要的是个人该如何寻求机会进行心流活动。最后，从与实验心理学世界的短暂接触中，我们可以得到这样的经验：深度工作带来的心流经历可以为你带来深度满足感，这是一条经过验证的道路。

从哲学角度论证深度

对于深度工作和工作意义之间关系的最后一项论证，需要我们退后一步，暂时放下相对实在的神经科学和心理学世界，采用一种哲学的角度思考。在这些探讨中，我将求助于两位深谙此主题的学者：在伯克利大学教授哲学 40 余年的休伯特·德雷福斯（Hubert Dreyfus）和现任哈佛大学哲学系主任西恩·多兰斯·凯利（Sean Dorrance Kelly）。2011 年，德雷福斯和凯利联合出版了一本书，名为《万物闪耀》（*All Things Shining*），书中探究了神圣和意义在人类文明历史进程中的演化。他们解构了这段历史，因为他们担忧在当代，这段历史将走向尽头。"过去的世界虽然千差万别，但都是万物闪耀的世界，"德雷福斯和凯利在书的开头这样解释道，"今日，那些闪耀的万物似乎都已远去。"

过去至现在都发生了些什么？作者称，简要的回答是笛卡尔。从笛卡尔提出怀疑论衍生出一种激进的信念，认为捏造出上帝或国王以求解释天理因果的人背弃了真理。当然，由此带动的启蒙运动使世人认识到人权的概念，也救许多人于压迫之中。但是德雷福斯和凯利强调，虽然其在政治舞台上带来了诸多益处，但是从形而上学的领域来看，这种思想剥夺了世界的秩序和神圣感，而这种秩序和神圣感恰是创造生命意义所必需的。在后启蒙时代的世界里，我们为自己安排了一项任务，辨别何为有意义的，何为无意义的，这种做法很随意，恐会带来令人毛骨悚然的虚无主义。德雷福斯和凯利担忧："启蒙运动的形而上学所宣扬的个体独立不仅仅会带来无聊的生活，而且恐怕难以避免地会引向无法忍受的生活。"

乍一看这个问题似乎与理解深度所带来的满足感差之千里，但是深入了解德雷福斯和凯利的解决方案之后，我们就会发现，其中有很多洞见能帮我们认识到职业追求中意义之源头。如果了解到德雷福斯和凯利对现代虚无主义的回应也恰恰建立在我们本章开篇同样的主题"工匠"之上，对二者之间的联系或许就不会觉得意外了。

德雷福斯和凯利认为，工匠如一把钥匙，重新开启了一扇大门，以一种负责任的方式带回了神圣感。为了证明，他们选取了一位轮匠大师的故事作为例子（轮匠是一种已经消失的职业，工作是制作木质车轮）。"因为每一片木头都是独一无二的，有自己的品性。"他们写道，"所以这位木工与他雕琢的木头之间有一种亲密的联系。这种微妙的美德需要精心培养呵护。"他们对具备这种"微妙的美德"的人表示了赞许，同时也特别提及这位工匠无意间触及了后启蒙运动时代至关重要的事：个人之外的意义之源。轮匠不会武断地决定手头雕琢的木头哪些有价值、哪些没有价值；这种价值内化于木头本身以及它即将完成的使命。

德雷福斯和凯利认为这种神圣感在工匠中非常普遍。他们总结道，工匠的任务"并非产出意义，而是培养内在技能，辨别本已存在的意义"。由此工匠可以远离个人主义带来的虚无，为秩序井然的世界带来意义。与此同时，这种意义似乎比在过去的时代里更安全。作者暗示，轮匠不可能轻松地利用一块松木的内在属性为一个专制政权辩护。

回到职业满足感的问题上，德雷福斯和凯利通过对手艺的解读，为意义提供了一种精妙的理解方式，使我们明白为何里克·富勒尔这类人的工作能唤起这么多人的共鸣。哲学家会说，富勒尔用原始的金属锻造出艺术品时脸上满意的表情，是对现代社会难以捉摸却极有价值的某种东西的赞赏——对"神圣"的一瞥。

一旦体会到这一点，我们就可以将传统手工艺中内蕴的这种神圣感与知识工作世界联系到一起。要实现这种期望，我们首先必须洞察到两个关键点。

第一点或许很明显，但仍需强调：这种特定意义并非只有手工行业才能创造。任何对高水平技能的追求——不管是物质的还是认知上的——都可以带来这种神圣感。

为了更好地阐释这一点，我们从木工或铁匠等传统技艺回到计算机编程这种现代案例上。看下面一段引述，编程奇才圣地亚哥·冈萨雷斯（Santiago Gonzalez）在一次采访中这样描述自己的工作：

精妙的代码简洁明了，如果将这个代码给其他程序员看，他们会说："哇，这代码写得真好。"那感觉很像在写一首诗。

冈萨雷斯讨论电脑编程时的方式与德雷福斯和凯利引用的木工讨论技艺的方式很相似。

《程序员修炼之道》（*The Pragmatic Programmer*）是在计算机编程领域广受好评的一本书，书中直接地将编程和传统手工艺联系到一起，书的前言中引用了中世纪矿工的信条："我等采石之人当心怀大教堂之愿景。"这本书在后文中详细阐述了程序员必须以同样的方式看待自己的工作：

在一个项目的整体结构之内，总有空间展示个性和匠心……百年之后，我们的技艺或许如今日的土建工程师看待中世纪大教堂建造者使用的技法一样陈旧，但是我们的匠心却会得到尊重。

换言之，你不必在一间露天谷仓里辛劳工作，也可以成就匠心，创造出德雷福斯和凯利所说的意义。在信息时代的大多数技术性工作中都有类似的匠心存在。不论你是作家、营销人员、咨询师还是律师，你的工作就是一门手艺，如果你能精心打磨自己的本领，心怀敬意、谨慎应用，你就可以像熟练的轮匠一样在日常职业生活中创造出意义。

有些人或许会反驳，称他们的知识工作不可能成为这样一种意义的源头，因为工作内容太过平凡。但是，这种想法是有缺陷的，思考传统手艺的例子可以帮助我们纠正这种缺陷。在当下的文化潮流中，我们非常注重工作内容。比如，我们对"追随你的激情"这一建议的执着受一种（存在缺陷的）想法激励，这种想法认为对职业满足感来说，最重要的是你所选择的工作。用这种方式思考，就很难找到让你产生满足感的工作——或许在一家非营利性组织工作或创建一家软件公司可以，与其相比，其他所有工作都显得枯燥无味、了无生气。德雷福斯和凯利的理念使我们逃离了这种陷阱。他们引作案例的工匠工作并不稀有。在整个人类历史中，做铁匠或是轮匠并非光宗耀祖的事。但这并不重要，因为具体的工作种类是无关紧要的。从此类工作中探寻出的意义是源自手工艺的内在，即那些技艺和品鉴能力，而非作品的外现。换一种说法来讲，木车轮并不高贵，但是制作木车轮则可以高贵。这些也同样适用于知识工作。你不需要一种稀缺的工作，你需要的是用世间少有的方式完成工作。

第二个关键点是培养手艺需要完成深度任务，因此需要致力

于深度工作。（回想一下我在第一章中的论证，深度工作对于培养
技能并在实践中达到精英级的使用水平是必需的。）因此深度工作
是从职业中萃取出意义的关键。所以，拥抱深度工作，通过深度
工作培养个人技能，可以使知识工作从令人心烦意乱、心力交瘁
的责任变成一件令人满意的事情——开启一扇通往新世界的大门，
在那里，万物闪耀。

深度智人

第一部分的前两章讲求实用主义。文中论证了深度工作在我
们当前的经济形势下越来越有价值，但同时也越来越稀少（由于
一些难以说明的原因）。由此造成了一种典型的市场错位：如果你
培养出这种技能，就可以在职业上取得成功。

后文中我将介绍一些严格的计划，用于帮助你将深度工作
变成职业生活的中心。这是一种困难的转变，纵有努力、充分的
理由和切合实际的论证，也只能激励你走到某一点。最终，你所
追寻的目标需要你从更加人性化的角度与其产生共鸣。要想做到
深度工作，这种共鸣是必不可少的。不管是从神经科学、心理学
还是哲学角度理解深度工作，最终都会回到深度与意义之间的
联系上。就像是人类这个种群进化到一个阶段，在深度中繁荣，

在浅薄中沉沦，成为一种可以称作"深度智人"（Homo Sapiens Deepensis）的物种。

　　我在前文中引用威妮弗雷德·加拉格尔——后转变为深度工作信徒的人——的话说："我将活出专注的人生，因为这是最好的选择。"利用这句话来总结本章和第一部分或许再好不过了：深度的人生是美好的，不论从何种角度审视。

第二部分

准　则

The Rules

准则 1
工作要深入

　　我在杜邦环岛酒吧和戴维·德怀恩（David Dewane）小酌之后不久，他提出极乐机（Eudaimonia Machine）的概念。德怀恩是一位建筑学教授，因此喜欢探究概念与实体之间的交集。极乐机恰好是这种交集的一个很好的例子。这种机器原来是一座建筑，名字源自古希腊的"eudaimonia"一词（指能够开发出人体全部潜能的一种状态）。"这种机器的目的在于，"戴维解释说，"创造一种环境，让使用者身处其中时可以达到深度的繁荣状态，即实现达到个人能力极限的成果。"换言之，设计这个空间的唯一目的是实现最深度的工作。你或许也能想到，我当时就产生了兴趣。

　　德怀恩一边向我解释这种机器的原理，一边抓起一支笔，画出了布局草图。整个建筑结构是一座一层高的长方形，由 5 个房间组成，一字排开。几个房间没有互相连通的走廊：必须穿过一间房间才能进入下一间。德怀恩是这样解释的："互相不连通是关键，因为这样一来，想要深入到机器更里层，你不可能越过任何空间。"

你从大街走进的第一个房间叫作陈列室。在德怀恩的计划中，这个房间里将展示在这座建筑中产出的深度工作案例，旨在激励机器使用者，创造出一种"健康压力和同伴压力的文化"。

离开陈列室之后，你将进入沙龙。在这里，德怀恩想安排高品质的咖啡馆，甚至可以设一个全品酒吧。这里还有沙发和无线网。沙龙的设计旨在酝酿出一种"徘徊于强烈的好奇和争辩之间"的情绪。这个场所用于争辩和沉思，让你从总体上把握你将在这台机器中深入探究的一些想法。

走过沙龙之后将进入图书馆。这个房间里永久储存了这台机器里产出的所有工作，同时还存有此前工作中使用过的图书和其他资源。房间里有复印机和扫描仪，可以用于搜集整理你的项目所需的信息。德怀恩将图书馆描述为"机器的硬盘"。

下一个房间是办公空间。房间里有一个标准会议室，有白板和一些带桌子的小隔间。德怀恩解释说："办公室用于低强度的活动。"用我们的术语讲，这片空间用于完成项目所需的浮浅工作。德怀恩设想办公室里有一张管理员桌，管理员可以帮助使用者改善工作习惯，优化效率。

之后我们就可以进入机器的最后一个房间了，里面有一些小空间，德怀恩将其称作"深度工作室"（他从我的同主题文章中选取了"深度工作"这一说法）。每一个小空间拟为 6 英尺 × 10 英尺大小[1]，有很好的隔音墙保护（德怀恩设计的厚度为 18 英寸，以隔绝外部干扰）。"深度工作室的目的在于实现全身心投入和无干扰地工作。"德怀恩解释说。他设想你在其中工作 90 分钟，然后休息 90 分钟，如此循环两到三次——此时你的大脑将达到一天中专注工作时间的极限。

眼下，极乐机仅仅是一些建筑图纸，但即使仅仅是一个计划，其实现高效工作的前景也令德怀恩兴奋不已。"在我看来，这是我设计过的最有趣的一件作品。"他告诉我说。

在深度工作的真正价值能够得到认可和渴求的理想世界里，我们都有机会接触到某种类似于极乐机的东西。或许和戴维·德怀恩的设计并不完全一样，概括地说，这是一种专门设计的工作环境（和文化），能帮助我们从大脑中提取尽可能多的价值。不幸的是，这种愿景与我们眼前的现实差太远。我们身处令人分神的开放办公室中，收件箱无法忽略，会议不断。在这种环境下，同事宁愿你尽快回复他们最新发的电子邮件而不是产出最好的成果。

1　1 英尺 = 0.3048 米。——译者注

换言之，作为本书的读者，你们将成为浮浅世界里的深度信徒。

这一项准则——本书第二部分 4 种准则中的第一条，旨在减少此类冲突。你或许没有自己的极乐机，但是下述策略将帮助你在相对纷乱的职业生活中模拟出极乐机的效果，将向你展示如何将深度工作从一种渴望转变为你日常工作计划中的常规安排和重要组成部分。（准则 2 到准则 4 将展示一些培养专注能力和抵抗无孔不入的烦心事的策略，帮助你从深度工作习惯中获得最大的益处。）

然而，在继续探讨这些策略之前，我想先解决一个或许一直困扰你的问题：为什么我们需要这么深入的干预？换一种说法，一旦你接受了深度工作有价值的观念，开始更多地做到深度工作不就足够了吗？我们真的需要极乐机（或类似的机器）这样复杂的机器来帮助我们做到专注这么简单的事情吗？

不幸的是，想要做到专注并不是那么简单。要理解为什么会这样，我们需要更深入地探究深度工作的主要障碍之一：将注意力转移到某种浮浅事物上的冲动。大多数人都能意识到这种冲动会使专注于困难工作的努力变得无效，但是大多数人低估了这种冲动出现的频率及其力量。

我们来看心理学家威尔海姆·霍夫曼（Wilhelm Hofmann）和罗伊·鲍迈斯特（Roy Baumeister）在 2012 年牵头进行的一项

研究。实验中为 205 名成年人配备了传呼机，传呼机会随机响起（在第一部分的抽样法中也有同样的做法）。传呼机响起时，实验对象需要停顿一会儿，回想当时的欲望或过去 30 分钟的感受，然后就这些欲望回答一系列问题。一周之后，研究人员搜集了7500 多个样本。实验结果简要概括如下：人们整天都在抵抗欲望。鲍迈斯特在后续的著作《意志力》（*Willpower*）（与科学作家约翰·蒂尔尼联合创作）中如此总结："结果显示，欲望是常态，而非个例。"

实验对象抵抗的最普遍的 5 种欲望中包括吃、睡和性，这并不足为奇。但是前五榜单中还包括"在困难工作中休息一会儿……查看电子邮件和社交网站，上上网，听听音乐或是看电视"。网络和电视的诱惑力尤其强：实验对象只有大约一半的时间能够成功抵抗这些让人上瘾的消遣。

这些研究成果对于我们这条以帮助读者培养深度工作习惯为目标的准则而言，是个坏消息。这项研究告诉我们，一整天你将遭遇各种欲望的轮番攻击，除了深入工作之外。而且如果你和霍夫曼、鲍迈斯特的实验中的德国实验对象一样，那么这些争相涌现的欲望往往能够赢得胜利。此刻你或许会认为，当这些实验对象失败时你能够成功，因为你理解了深度的重要性，所以会有更强的保持专注的主观意愿。这是一种美好的想法，但是这项实验之前的数十年研究显示，这种主观意愿往往是徒劳的。如今大量的调查——罗伊·鲍迈斯特在写作一系列论文时发起的——显示出有关意志力的重要事实：你的意志力是有限的，它在使用的过程中会被不断消耗。

换言之，你的意志力并非性格的展现，可以无限制地使用；相反，它恰如肌肉一般，会疲劳。这也是霍夫曼和鲍迈斯特的实验中，实验对象很难抵抗欲望的原因——经过一段时间，这些烦扰会榨干他们的意志力，直到最后无法抵抗。同样的事情也会发生在你身上，不管你的主观意愿如何坚定，除非你坚持个人习惯。

由此我得出了一种令人振奋的想法：培养深度工作的习惯，关键在于越过良好的意图，在工作生活中加入一些特别设计的惯例和固定程序，使得进入并保持高度专注状态时消耗的意志力最小化。如果你在一个浑浑噩噩的下午正浏览网页，忽然想要将注意力转移到一项需要高认知度的任务上，便需要大量抽取有限的意志力，强行将注意力从绚烂的网络内容上转移开。这样的尝试往往以失败告终。但如果你能够布置一些精妙的惯例和固定程序，比如每天下午安排特定的时间或安静的场所用于完成深度任务，就只需很少的意志力便能启动工作并保持下去。从长远看，你会因此更成功地实现深度工作。

基于上述观点，下文中介绍的 6 种策略可以看作惯例和固定程序的弹药库——根据有限意志力的科学设计，旨在最大限度地实现日常安排中的持续深度工作。除此之外，这些方法还要求你按照某一特定的模式筹划一项工作，培养习惯，以确保每一次练习开始之前保持高度专注。这些策略中有一些利用简单的启发法控制你大脑的刺激中枢，另一些则旨在以最快的速度补充你的意志力。

你可以很简单地将深度工作放到优先考虑事项中。但是，利用下述策略，或者由基于同样的原则设计出来的策略支撑这个决定，将极大提升你将深度工作变成职业生活重要组成部分的可能性。

选定你的深度哲学

著名的计算机科学家唐纳德·克努特（Donald Knuth）很关注深度工作。他在个人网站上这样写道："我所做的事情需要长时间的学习和无人干扰的高度专注。"另一位名为布莱恩·查普尔（Brian Chappell）的博士研究生，有全职工作，也是一位父亲，他同样很重视深度工作，因为只有这样他才能在有限的时间里按进度完成博士论文。查普尔告诉我，第一次了解到深度工作的理念时，是"激动人心的一刻"。

我提及这两个人是因为尽管克努特和查普尔同样赞同深度的重要性，但是他们将深度融入工作生活中的哲学却有所不同。克努特采用了一种禁欲生活，优先深度工作，尽量剔除或减少其他所有类型的工作。查普尔则采用一种节奏策略，每个工作日上午在开始处理日常琐事之前，他都会先工作一段时间（上午5点至7点半），从无例外。这些我将在下一节中详细论述。两种工作方式都可行，但都非普遍适用。克努特的方法或许适用于主要工作职责在于思考重大事项的人，但是查普尔如果采用同样的策略，拒绝所有浮浅工作，那么他很可能就会丢掉自己的工作。

你需要有自己的哲学，将深度工作融入你的职业生涯中。（正如我们在本准则的引言中介绍的，尝试用特别的方式安排深度工作，并不能有效地管理你有限的意志力。）但是这个例子强调了做此类选择时应特别注意的问题：你必须精心挑选一种适用于你所处特定环境的哲学，因为不匹配的哲学会让你在深度工作习惯形成之前脱离轨道。这种策略可以帮助你避免同时面对4种不同的深度工作哲学（我见证过，这4种哲学在实践中都有非常好的效果）。有很多方法可以将深度工作融入你的日常工作日程中，因此值得花时间选择一种对你而言合理的方法。

禁欲主义哲学（Monastic Philosophy）的深度工作日程安排

让我们回到唐纳德·克努特的例子上。他因为在计算机科学领域的多项创新而闻名，其中尤为重要的是开发出严谨的算法分析的方法。然而在同行中，克努特也因对电子通信的态度而饱受争议。如果你访问克努特在斯坦福大学网站上的个人网页以便找到他的电子邮箱地址，只会看到下面一条注意事项：

> 从 1990 年 1 月 1 日起，我成了一个快乐的人，那一天我不再有电子邮箱。我从 1975 年开始使用电子邮箱，在我看来，一生用 15 年电子邮箱已经够长了。对于想要站到风口浪尖的人而言，电子邮箱是一种奇妙的东西。但对我来说却不是，我的角色是站到背后。我所做的事情需要长时间的学习和无人干扰的高度专注。

克努特也承认，他并不打算切断与外界的一切联系。他注意到，写书需要与成千上万的人交流，而且他想要回应他人的问题和评价。他的解决方法是提供了一个邮寄地址。他说，行政助理会将那个地址收到的所有信件分类，挑出她认为重要的。真正紧急的信件，她会第一时间送到克努特手中，其他信件则会被分批处理，每 3 个月左右处理一次。

　　克努特采用的是我所谓的禁欲主义哲学的深度工作日程安排。这种哲学通过摒弃或最小化浮浅职责，从而实现深度工作的最大化。禁欲主义哲学的实践者往往有明确且价值极高的职业目标追求，而且他们在职业上取得的大部分成就都是由于工作表现特别突出。这种清晰的状态使他们能够排除纷杂的浮浅关注点，而这些浮浅关注点恰恰是那些在工作世界中价值定位复杂化之人的梦魇。

　　比如，克努特是这样解释他的职业目标的："我努力掌握计算机科学某一领域的全部知识；然后我努力消化这些知识，将其形式加以转化，使没时间做这些研究的人也能获取这些知识。"试图劝说克努特在推特建立粉丝群以获得难以捉摸的回报，或是通过更加开放性地使用电邮而得到难以预料的机会，结果肯定是失败的，因为这些行为对他的目标——掌握计算机科学某一领域的全部知识，然后用易读的语言将这些知识写出来——没有直接帮助。

　　另外，采用禁欲主义哲学的人还有广受欢迎的科幻作家尼尔·斯蒂芬森。如果你访问斯蒂芬森的作者网站，就会注意到网站上并没有电子邮箱或邮寄地址。从斯蒂芬森 21 世纪初期在他早期网站（The Well）上发表的几篇文章（它们通过互联网档案保存了下来）中，可以对删除邮箱地址这种做法的原因略窥一二。其中，2003 年存档的一篇文章里，斯蒂芬森是这样描述自己的沟通原则的：

> 　　想要打扰我专注工作的人会得到友好的提醒，不要
> 这样做，而且会得到警示，我不回复电子邮件……为免
> 关键信息湮没在冗词中，我将在此简述：我所有的时间和
> 精力都已被占据——再强调几次，请不要索取邮箱地址。

　　为了进一步讲明自己的原则背后的道理，斯蒂芬森又写了一篇名为《为什么我是一个糟糕的通信联络人》的文章。这篇解释"为何无法联系到他"的文章的核心如下：

> 　　换言之，作品产量并非一个线性的方程式。因此我
> 才会成为一个糟糕的通信联络人，也很少参与谈话活动。
> 如果我的生活中能安排出很多较长的、连续的、不受打
> 扰的时间块，我就可以写作小说。但是如果这些时间块
> 支离破碎，我的小说作品产量就会大幅下降。

　　斯蒂芬森看到了两个完全相对的选择：他可以按照正常的速率写出好的小说，或者他可以回复很多个人电邮，出席会议，以较慢的速度写出质量较差的小说。他选择了前者，这种选择要

求他在职业生活中尽可能避免浮浅工作。这个主题对于斯蒂芬森而言特别重要，他在 2008 年的科幻史诗巨著《失落的星阵》（*Anathem*）中再次探究了其中的积极和消极的含义。《失落的星阵》讲述了一个智慧精英群体过着隐修生活，远离了尘世喧嚣和科技，做着深度思考。

以我的经验，禁欲主义哲学会遭到很多知识工作者的抵触。我发现，禁欲主义的追随者判定个人对世界价值的明晰性，往往会触及那些对信息经济贡献的判定更加复杂的人群的痛处。当然，要注意"更加复杂"并不意味着"更少"。比如，一位高管或许在一家产值数十亿美元的公司中起到至关重要的作用，尽管她不可能指着类似一本完整的小说这样实在的东西说"这是我今年产出的成果"。因此，适用禁欲主义哲学的个人是有限的。如果你不属于这个群体，也大可不必太过嫉妒。如果你属于这个群体——对世界的贡献是实在、清晰、可以个体化的 [1]，那么你就应该认真考虑一下这种哲学，因为这种哲学或许会决定你成为一个庸庸碌碌的人还是能创造为后人所铭记的职业生涯。

1　此处"个体化"这个词用得有些随意。禁欲主义哲学并不仅仅适用于那些独自工作的人。有些深度努力中的工作需要小群体才能完成。比如罗杰斯（Rodgers）和哈默斯坦（Hammerstein）等作曲团队，或是莱特兄弟（Wright brothers）等发明团队。我使用这种说法的真正意图在于指明这种哲学适用于那些工作目标明确，不必承担作为一个较大组织的成员而带来的其他责任的情况。

双峰哲学（Bimodal Philosophy）的深度工作日程安排

本书开头介绍了划时代的心理学家、思想家卡尔·荣格的故事。20 世纪 20 年代，恰在荣格试图摆脱导师西格蒙德·弗洛伊德禁锢的同时，他开始常常隐居到伯林根小镇外树林里建造的乡村小石屋中。隐居小石屋期间，荣格每天早上都会将自己锁在一个房间里，不受干扰地写作。之后他会冥想，在树林里走走，理清思路，为第二天的写作做好准备。这些努力旨在提升荣格深度工作的强度，使他在与弗洛伊德及其拥趸的智慧比拼中取得成功。

回顾这个故事是想要强调一点重要的事情：荣格并没有采用禁欲主义哲学的深度工作方式。我们前文中举例的唐纳德·克努特和尼尔·斯蒂芬森尝试完全屏蔽职业生活中的干扰和浮浅内容，而荣格则只有在隐居所的时候才会追求这种生活。荣格余下的时间在苏黎世度过，在那里的日子可不是禁欲主义的：他的诊所非常忙碌，经常接诊病人直到深夜；他是苏黎世咖啡屋文化的积极参与者；他还在城里的名牌大学讲学、听课。（爱因斯坦在苏黎世的一所大学获得博士学位，后来还在另一所大学任教；而且有趣的是，他还认识荣格，两人一起吃过几次晚餐，还探讨了爱因斯坦狭义相对论的核心观点。）换言之，荣格在苏黎世的生活在很多方面都与当今数字时代"超联结"的知识工作者很相似：将"苏黎世"换成"旧金山"，将"信件"换成"推文"，我们讨论的就变成某个当红科技公司的首席执行官了。

我将荣格这种方式称作双峰哲学的深度工作。这种哲学要求你将个人时间分成两块，将某一段明确的时间用于深度追求，余下的时间做其他所有事情。在深度时间里，双峰工作者会像禁欲主义者一般工作——追求高强度、无干扰的专注。在浮浅时间里，专注并非首要目标。这种划分深度和开放时间的做法可以在多个时间层级上实现。比如，按周划分的话，你可以每周4天做深度工作，余下的时间为开放时间。同样，如果按年划分，你可以选一个季节完成大部分的深度工作（很多做学术的人都在夏季或休假期间完成）。

双峰哲学认为深度工作可以得到极端的产出，但只有主体在这项工作中投入足够的时间，才能实现认知强度的最大化（真正的突破会在这种状态下出现）。这也是在这种哲学下深度工作的单位时间至少是一整天的原因。早上安排几小时的时间实在太短，对于双峰哲学的信徒而言，根本算不上深度工作。

同时，双峰哲学特别适用于那些如果不投入一定时间在非深度追求中便无法成功的人。比如荣格需要诊所的诊疗收益付账单，需要苏黎世的咖啡屋交流刺激自己思考。在两种模式下转换，为他提供了较好的满足两种需求的方法。

选取一个相对现代的双峰哲学案例，我们可以再次以亚当·格兰特为例，这位沃顿商学院的教授对工作习惯的思考在第一部分介绍过。你或许还能记起来，格兰特平步青云期的日程安排是个很好的双峰案例。按学年考虑的话，他将所有的课程集中到一个学期，因此其余时间便可以专注于深度工作。在这些深度学期中，他又按周实施双峰法。他大约每月一两次选出 2~4 天的时间，过上彻底的禁欲生活。他会关上房门，为电子邮件设定不在办公室的自动回复，不受干扰地进行自己的研究。在这些深度时间之外，格兰特非常开放，也很容易接触。从某种意义上讲，他必须这样，他在 2013 年的畅销书《沃顿商学院最受欢迎的思维课》中倡导分享自己的时间和精力，不求任何回报，并将此作为职业进步的核心策略。

采用双峰哲学深度工作的人羡慕禁欲主义的高产出，但同时也认同个人从工作生活的浮浅行为中获得的价值。或许实施这种哲学的最大障碍在于，即使是最短时间的深度工作也需要一定的灵活性，很多人在当下的职位上难有这样的灵活度。如果离开收件箱一小时就会让你坐立不安，那么一次消失整整一天就更是不可能了。但是我发现，双峰工作比你想象中适用的工作类型要更多。比如，早先我介绍过哈佛商学院教授莱斯利·佩罗做的一项实验。在这项实验中，一家管理咨询公司的一个团队被要求每个工作周离线整整一天。这些咨询师害怕客户会反对。结果客户其实并不关心。从荣格、格兰特和佩罗的例子中我们可以发现，人们往往会尊重你隐身的选择，只要你能够很好地决定离开的时间段，并广泛告知，而且在这些时间段之外，你要很容易被联系到。

节奏哲学（Rhythmic Philosophy）的深度工作日程安排

在电视剧《宋飞正传》（*Seinfeld*）上映初期，杰瑞·宋飞还是个普通的喜剧演员，有忙碌的巡演计划。恰在这段时间里，一位名为布莱德·埃塞克（Brad Isaac）的作家、喜剧演员正在组织开放麦之夜[1]，他在一家酒吧遇到准备上台表演的宋飞。埃塞克后来在一篇文章中解释说："我看到了机会。我必须问问宋飞有没有给年轻喜剧演员的好建议。他告诉我的事情将使我受益一生。"

宋飞给埃塞克的建议以一些惯常的内容开始，提及"成为优秀的喜剧演员就是要创作出更好的笑话"，而后又解释说，想要写出更好的笑话就要每天都写。宋飞接着介绍了一种特别的自律技巧。他在墙上挂了一本日历。每天他写过笑话就会在日历的这一天画上一个大大的红 X。"过几天你就能连成一条链子。"宋飞说，"坚持下去，这条链子每天都会变得更长。你会喜欢上看这条链

1　开放麦之夜：open mic nights，开放式的现场表演，观众可以拿着麦克风上台演讲、朗诵或讲笑话。——译者注

子，特别是有一定经验之后。你下一步需要做的事就是不要让这个链子断掉。"

这种链条法（有些人这么叫）很快在作家和发烧友——追求持续完成高难度事务能力的群体——中风行起来。从本书的目的来看，这恰恰提供了一种将深度整合到生活中的普遍方法：节奏哲学。这种哲学认为轻松启动深度工作的最好方法就是将其转化成一种简单的常规习惯。换言之，其目标是创造一种工作节奏，让你不需要投入精力便可以决定是否需要以及何时需要进入深度状态。链条法是节奏哲学深度工作日程安排的典型例子，因为这种方法是一种简单的启发式调度（每天都要做这项工作），结合了一种提醒你做这项工作的简单方式：日历上的大红 X。

实施节奏哲学的另外一种常见方式是拿掉链条法中的视觉辅助工具，转而设定一个启动时间，每天在这个时间开始深度工作。通过视觉工具提醒工作进展可以降低进入深度状态的门槛；设定诸如每天何时工作等最简单的日程安排，也可以降低这种门槛。

回顾我们引入这种策略开始时介绍的博士研究生布莱恩·查普尔。查普尔因实际需要采用了节奏哲学。在他努力完成论文的阶段，他就读学校的一个中心为他提供了一份全职工作。从职业角度讲，这是一个好机会，查普尔也很愿意接受。但从学术角度讲，一份全职工作，特别是查普尔的第一个孩子也刚降生，使他很难找到时间深入完成论文的写作。

查普尔开始尝试深度工作。他定下原则，深度工作必须在 90 分钟的时间段里实现（这个认识是正确的，因为逐步进入专注的状态需要一定的时间），并决定他将努力找时间开始深度工作。这种策略并没有带来太好的成效。查普尔此前一年参加了一次论文训练营，经过一周高强度的深度工作，完成了论文的一个完整章节。接受了全职工作之后，他整整用了工作第一年全年的时间，才又完成了一个章节。

这一年缓慢的写作进展驱使查普尔接纳了节奏法。他定下规则，每天早晨 5 点半起床工作。他会一直工作到 7 点半，接着做早餐，然后去上班；当日的论文写作任务已经完成。他对最初的进展很满意，很快将起床时间提前到 4 点 45 分，挤出了更多的清晨深度时间。

当我为写作本书采访查普尔时，他将节奏法描述为"既极为高效，又不会令人心怀愧疚"。他每日惯例是完成 4～5 页的学术论文写作，做到每 2～3 周完成一个章节的草稿；对于一个还要朝九晚五工作的人来说，这是罕见的产出。"谁说我不能高产？"他总结说，"为什么不行？"

节奏哲学与双峰哲学形成了一种有趣的对比。节奏哲学或许难以达到双峰哲学追随者喜好的最高强度的深度思考。然而，这种方法的好处在于更符合人类的真实天性。节奏日程安排者通过雷打不动的惯例支持深度工作，确保能够定期完成一定的工作，在一年的时间里往往能够累积更多的深度工作时长。

如何选择节奏法和双峰法，取决于你在此类日程安排方面的自控能力。如果你是卡尔·荣格，要与西格蒙德·弗洛伊德的支持者进行论战，应该很容易就能意识到找出时间专注于个人想法的重要性。另一方面，如果你要写作论文，但并没有人给你压力去完成这项工作，那么节奏哲学的习惯性特征或许对于保持进度就更为必要。

然而，对于很多人来说，并非因为自控原因才倾向于选择节奏哲学，而是由于现实中某些工作的确不允许他们在需要深入的时候一连消失几天。（对于很多老板而言，随便你多么专注……只要他的电子邮件能及时回复就可以。）这或许也是在常规办公室工作的深度工作者最常选择节奏哲学的原因吧。

新闻记者哲学（Journalistic Philosophy）的深度工作日程安排

20 世纪 80 年代，记者沃尔特·艾萨克森（Walter Isaacson）三十多岁，在《时代》周刊正处于职业快速上升期。这个时候，他毫无疑问已经进入了思想界的视野。克里斯托弗·希钦斯（Christopher Hitchens）在为《伦敦书评》（*London Review of*

Books）写的一篇文章中将他称作"美国最优秀的杂志记者之一"。艾萨克森认为是时候写一本大部头的重要著作了，这是记者成功路途上的必经一步。于是艾萨克森选择了一个非常复杂的主题：关于在冷战早期政策中起重要作用的 6 个人的叙述传记。他与《时代》周刊一位年轻的编辑埃文·托马斯（Evan Thomas）合作，创作出一部相当有分量的书：一本 864 页的史诗巨著，名为《美国智囊六人传》（*The Wise Men: Six Friends and the World They Made*）。

这本书出版于 1986 年，在受众人群中反响很好。《纽约时报》将其称作"结构丰富的传记"，而《旧金山纪事报》则异常欣喜于这样两位年轻的作家写就了"普斯塔克式的冷战史"。不到 10 年，艾萨克森达到记者生涯的顶峰，受聘为《时代》周刊编辑（后来又担任一家智囊团的首席执行官，同时还作为流行传记作家写作了本杰明·富兰克林、阿尔伯特·爱因斯坦和史蒂芬·乔布斯的传记）。

然而，艾萨克森真正令我感兴趣的并不是他第一部著作所取得的成就，而是他是如何写作这本书的。我也是因偶然的机会通过私人关系了解到了这个不为人知的故事。我后来发现，在《美国智囊六人传》筹划出版那几年里，我的叔叔约翰·保罗·纽波特也在纽约做记者工作，恰好和艾萨克森同租了一套夏季海滨度假房。直到今天，我的叔叔还对艾萨克森的工作习惯记忆犹新：

> 一直都很令人惊诧……他会回到自己的卧室用上一段时间写书，而我们其余人则在露台或别的什么地方闲聊……他会在楼上待 20 分钟或 1 小时，我们能听到打字机的声音，然后他会像我们余下所有人一样轻松地走下楼……工作似乎从来都不会搅乱他的节奏，只要有空闲时间，他就会愉快地到楼上工作。

艾萨克森很有条理：只要有空闲时间，他就能立刻转入深度工作模式，苦心打磨他那本书。也正是因为这个原因，他才能在写就一本近 900 页的书的同时，每天其他大部分的时间还做记者，并成为美国最优秀的杂志记者之一。

我将这种在日程安排中随时插入深度工作的方法称作新闻记者哲学。这个名称是对沃尔特·艾萨克森一类记者的认可，他们经过训练可以随时转入写作模式，因为他们在工作中经常要面对截稿期的催促。

这种方法并不适用于深度工作的新手。正如我在本准则的开头所述，使头脑迅速从浮浅转入深度模式的能力并非自然得来。未经练习，这种转换可能会严重削弱你有限的意志力储备。这种习惯同时还需要你对自己的能力有信心——坚信自己所做之事是重要的而且将会成功。这种坚定的信念往往建立在已取得的职业成就基础之上。比如艾萨克森就比一名新手小说家更容易转入写作模式，因为艾萨克森此时已经成为一名受尊重的作家，他知道自己有能力写出一部史诗级的传记，也懂得这将成为他职业道路上的一项关键任务。这种自信对于激励艰苦的努力会有很大的作用。

我个人也偏爱新闻记者哲学式的深度工作，因为这也是我将各项工作安排到日程中时采用的主要方法。换言之，我在深度工作中不是禁欲主义（尽管偶尔我也会嫉妒同行计算机科学家唐纳德·克努特可以完全与世隔绝却不用心怀歉意），我也不会像双峰主义者一样接连安排多天的深度工作时间。此外，尽管我很有兴趣采用节奏哲学，但我的日程安排已经很满，没办法压缩出时间养成这种习惯。更多的时候我像艾萨克森一样，面对每周的工作，竭尽可能压缩出更多的深度工作时间。比如，写作本书的过程中，我会充分利用任何一小段空闲时间。如果我的孩子睡着了，我就会拿出笔记本，把自己锁到书房里。如果妻子在周末要去附近的安纳波利斯拜访她的父母，我就会抓住机会，躲到房子的一个安静角落去写作。如果工作中有一次会议取消了，或是下午没有安排，我就会来到学校里最喜欢的一间图书馆里，写上几百个词。

诸如此类。

我要承认，自己并没有彻底采用新闻记者哲学。比如，我不会临时决定所有的深度工作。我通常会在每周开始的时候制订计划，决定一周中哪些时候要深度工作，然后再在每天开始的时候根据需要调整决定（想了解我是如何制订计划的，参见准则 4）。我减少了临时决定是否进入深度工作的次数，保留了更多的心理能量用于深度思考。

最后还要提一点，新闻记者哲学的深度工作日程安排是很难办到的。如果你对自己从事的工作价值有足够的信心，实现深度工作的技能也足够熟练（我们将在后续策略中继续探究这种技能），新闻记者哲学将是一种异乎寻常的好办法，能帮助你在紧密的日程安排中挤出大量的深度工作时间。

习惯化

对于那些利用头脑创造有价值的事物的人，人们经常忽略的是，他们很少会打乱自己的工作习惯。我们来看看普利策奖获得者、传记作家罗伯特·卡罗（Robert Caro）的例子。2009 年的一份杂志档案透露，"卡罗纽约办公室的每一英寸空间都是按规则来布置的"。他放书的位置，他堆放笔记本的方法，在墙上张贴的东西，甚至穿什么衣服到办公室也都一样：所有一切都形成了特定的习惯，在卡罗的漫长职业生涯中只有很小的变化。"我培养自己变得有条不紊。"他解释说。

查理·达尔文（Charles Darwin）在雕琢《物种起源》期间也保持着类似的严格工作安排。他的儿子弗朗西斯后来回忆，达尔文每天早上7点准时起床，然后去散一会儿步。接着他会独自用早餐，8点到9点半在书房工作。之后的一小时用于拆阅前一天的信件，而后从10点半到中午他又会回到书房工作。经过一天的工作之后，他会沿着既定的路线，从花房开始绕着房子周围的路一圈圈地走，深入思考一些具有挑战性的想法。直到想出满意的答案他才会停下来，宣告一天工作的结束。

记者梅森·柯里用了5年的时间编录著名思想家和作家的习惯（也是通过他整理的资料我才了解到上述两个例子），他总结了这种系统化倾向：

> 有一种很普遍的认识，认为艺术家的工作靠的是灵感——不知从何而来的创意魔法让你灵机一动，灵光一闪，才思泉涌……但是我希望我的作品可以使大家明白，等待灵感来袭是非常非常糟糕的计划。事实上，我能给出的最好的建议或许就是，任何做创造性工作的人都应

该忽略灵感。

在《纽约时报》的同主题专栏中，大卫·布鲁克斯（David Brooks）用更坦率的方式总结了这种状况："伟大的创造性头脑如艺术家般思考，却如会计般工作。"

这项策略提出如下的建议：要想使深度工作的效果最大化，需要将其变为像前述的重要思想家一样严格内化的习惯。卡罗和达尔文这类伟大的思想家养成这种习惯并非为了保持特立独行，而是因为他们工作的成功依赖于不断进入深度状态的能力——如果不将大脑开发到极限就不可能获得普利策奖或是创造出伟大的理论。他们的习惯将过渡到深度工作状态的阻力压缩到最小，使他们能够更轻松地进入深度状态并保持更长的时间。如果他们等待灵感降临之后再开始认真工作，成就很可能会大幅降低。

没有哪一种深度工作习惯是绝对正确的———一种习惯是否合适取决于个人，也取决于从事的项目类型。但是这里有一些应注意的普遍问题：

·**你将在何处工作，工作时间多长**。你需要指定一个深度工作的场所。可以是你正常办公的地方，只需要把门关上，桌子清理干净（我有一位同事在处理有难度的问题时，习惯在办公室门把手上挂一个酒店式的"不要打扰"的标签）。如果可能的话，找一个专门用于深度工作的场所，比如，会议室或安静的图书馆——这样积极效果会更加明显。（如果你在开放式办公室工作，找一个深度工作的地方就非常重要了。）不管你在何处工作，都要设定一个具体的时间框架，将这个过程保持为一个离散型的挑战，而非漫无尽头，无休无止。

· **工作开始之后你将如何继续工作**。你的习惯需要规则和程序，确保你的努力具有结构性。比如，你可以约定不准使用任何网络，或设定每 20 分钟产出的文字数量，以保持持续专注。如果没有这种结构，你的头脑就需要一遍又一遍地审视自己在深度工作期间应该做什么、不应该做什么，需要不断评估自己的工作深度是否足够。这些都是对意志力的浪费。

· **你如何支持自己的工作**。你的习惯要确保大脑能够得到必要的支持，以便维持大脑在深度水平下持续运转。比如，你可以设定喝一杯上好的咖啡就开始工作，或是确保有足够的让你保持能量的食物，或是插入诸如散步之类的轻度活动，帮助大脑保持清醒。（正如尼采所说："只有在散步中得到的想法才是有价值的。"）此类支持或许还包括环境因素，比如工作原材料整理得井井有条，使精力耗费降到最低（如我们在卡罗的例子中看到的一样）。要使你的成功最大化，就需要为自己进入深度的努力提供支持。与此同时，这种支持也需要系统化，这样你才不会浪费心理能量去理清某个时刻需要做什么。

这些问题将帮助你打磨自己的深度工作习惯。但是要记住，找到习惯需要实验、尝试，要乐于去做。我向你保证，这样的努力是值得的：一旦你培养出正确的习惯，影响将极为深远。深度工作是一件大事，不应草率了事。在深度工作周围包裹复杂的（或许在外人看来很奇怪）习惯恰是对这种现实的接纳——要设定结构性，做出承诺，使大脑能够进入专注状态，这样你才能真正开始创造有意义的事情。

要有大手笔

2007 年初冬，J.K. 罗琳正努力完成《哈利·波特》系列的最后一部《哈利·波特与死亡圣器》（*Harry Potter and the Deathly Hallows*）。她的压力很大，因为这本书要串联起此前的 6 本书，满足数亿粉丝的期望。罗琳需要深度工作才能达到这些要求，但是她发现自己在苏格兰爱丁堡的家庭办公室中越来越难做到全神贯注了。"我正在努力完成《死亡圣器》的过程中，有一天擦窗户的人来了，孩子也都在家，几只狗也都叫了起来。"罗琳在一次采访中回忆说。干扰实在太多，于是罗琳决定做一点极端的事情，将大脑关注点转移到应去的方向：她入住了爱丁堡市中心的巴尔莫勒尔酒店（The Balmoral Hotel）套房。"我入住这家酒店是因为它很漂亮，当时并没有想一直待在那里。"她解释说，"但是第一天的写作完成得非常顺利，于是我就不断回来住到这里……最后在这里完成了《哈利·波特》系列的最后一本书。"

回想一下，也难怪罗琳最后会住进这家酒店。酒店环境对她所做的项目来说非常完美。巴尔莫勒尔酒店是苏格兰最奢华的酒店之一，经典的维多利亚时代的建筑，装饰着华丽的石雕和一座高高的钟塔。而且这座酒店距离爱丁堡城堡也只有几个街区远——这座城堡恰恰是罗琳写出霍格沃茨魔法学校的灵感之源。

罗琳决定入住爱丁堡城堡附近的一家豪华酒店套房，在深度工作的世界里是一种有趣但却有效的策略：要有大手笔。这个理念很简单：对周围环境做出巨大改变，辅以可观的精力或金钱投入，都只为支持一项深度工作任务，由此你也提升了这项任务外在的重要性。这种重要性的提升，降低了你的大脑继续拖延的本能，为你注入了激励和能量。

比如，写作一章哈利·波特小说是很难的工作，需要大量的心理能量投入，不管你在哪里做这项工作都是一样。但是当你每天付 1000 美元，在一家距离霍格沃茨魔法学校式古堡几个街区的古老酒店套间中写作时，比起充满干扰的家庭办公室，控制心理能量并坚持这项工作就要容易许多。

当你研究其他著名深度工作者的习惯时，大手笔策略经常会出现。比尔·盖茨任微软首席执行官期间的"思考周"习惯就广为人知。在思考周里，他会暂时放下日常工作和家庭责任，带上一堆白纸和书，隐居到一间小屋里。他的目的是拒绝任何打扰，深度思考与公司相关的重大事务。正是在一次思考周中，他提出网络将成为行业主要动力这一著名论断。在微软西雅图总部办公室里，虽然并没有什么能妨碍盖茨深度思考，但是这种新奇的一周隐居生活帮助他达到了期望的专注水平。

麻省理工学院物理学家、备受赞誉的小说家艾伦·莱特曼（Alan Lightman）也用过大手笔的方法。他每年夏天都会隐居到缅因州的一座"小岛"上，做深度思考，补充能量。在 2000 年他接受采访介绍这种方法时，那座小岛不仅没有网络，而且也没有电话。后来他又解释说："在大约两个半月的时间里，我感觉自己似乎恢复了生命中一些沉静的东西……真的是很难得。"

虽然并非所有人都能自由地在缅因州过上两个月，但是包括丹·品克（Dan Pink）和迈克尔·波伦（Michael Pollan）在内的很多作家都会在自己的园子里建造写作小屋，一年四季体验这种经历，通常需要非常高的成本和精力投入。（波伦甚至写了一本书，讲述他以前在康涅狄格的家后小树林里建造小屋的经历。）对于这些作家而言，建这些附属小屋并非必需，他们其实只需要一台笔记本电脑和一张桌子就能开工。但是体现这些小屋价值的并不是其舒适度，而是仅仅为了写出更好的东西而设计和建造小屋的大手笔。

并非每一次大手笔都是这种永久性的。贝尔实验室物理学家威廉·肖克利（William Shockley）有近乎病态的好胜心，当得知到晶体管的发明被他人抢走的消息之后（我在介绍下一种策略时将详述，肖克利的团队中的两名成员在他转而研究其他项目的时候实现了这项突破），他假借参加会议的名义旅行到芝加哥，将自己锁到一家旅馆的房间里。他一直待在房间里，直到最后将头脑中构思的想法夯实成一种更好的设计。他最终离开了那个房间，通过航空邮件将笔记寄回了位于新泽西茉莉山丘（Murray Hill）的实验室总部，请同事将笔记粘贴到实验室笔记本中并签注，由此确定发明时间。肖克利在这短暂的深度爆发之后所发明的结式晶体管，帮他赢得了诺贝尔奖。

另外还有一个关于彼得·尚克曼（Peter Shankman）的单次大手笔的例子更加极端，尚克曼是一位企业家和社交媒体先驱。作为一位著名的演说家，尚克曼大部分时间都在四处飞。最终他意识到 3 万英尺的高空是帮助他保持专注的理想环境。他在一篇博客文章中解释说："封闭在一个座位里，眼前没有任何东西，没有任何东西干扰我，没有任何东西激发我那'哇！好晃眼！'的DNA。"有了这种认识之后的一段时间，尚克曼签了一本书的合同——要求仅用两周的时间完成全部手稿。要赶上截稿日期，他必须极度专注。为了达到这种状态，尚克曼做了一件非常规的事情。他预订了一张往返东京的商务舱机票，在飞往日本的航班上写了一路，抵达日本后在商务舱休息室里喝了一杯浓咖啡，然后登上返航的飞机，又写了一路。等他回到美国时，已经有了完成的手稿，这距他最初离开时仅仅 30 小时。"这趟旅行花了 4000 美元，但是完全物有所值。"他解释说。

所有这些例子中的人物，并非仅仅是靠环境的改变才实现了更深度的工作。其中主导的力量是严肃、认真地致力于手头任务的心理。置身异域而专注于写作项目，或是远离工作一周只做思考，又或是将自己锁到酒店房间里直到完成一项重要的发明，这些举动推动你的深度目标占据心理优先的地位，有助于你解锁必要的心理资源。有时想要做到深入，必须先要做大。

不要独自工作

深度工作与协作之间的关系非常微妙。然而，这种关系值得我们花时间去剖析，因为适当展开协作可以提升你深度工作的质量。

在开始探讨这个主题之前，有必要回头思考一下最初看似无法解决的一个矛盾。在本书的第一部分，我批评了脸谱网的新总部大楼设计。我特别指出，这家公司打造全球最大开放式办公空间的目标——一个巨大的房间，据称可以装下近 3000 名员工——是对专注的可笑打击。人类本能和越来越多的研究都不看好这种大批同事共享工作空间的方式，认为这种方式极易扰乱心神——创造的环境使人难以做认真的思考。2013 年《彭博商业周刊》（*Bloomberg Businessweek*）有一篇文章总结了近年来在这个主题上的研究成果，并提出要终结这种"开放式布局办公室的暴政"。

然而，这种开放式办公室的设计为世人接受并非出于偶然。正如这种理念最初出现时，玛莉亚·柯妮可娃（Maria Konnikova）在《纽约客》上发表的文章中所说，这种设计的目的在于"助力交流和思想流动"。这种理念唤起了寻求打破传统的美国工商企业的共鸣。比如《彭博商业周刊》编辑乔希·塔伦杰尼（Josh Tyrangiel）如此解释彭博通讯社总部没有设立太多办公室的原因："开放式设计非常惊人；这种设计能够确保所有人都与整体使命协调一致，而且……还能激发不同领域的人员互相产生兴趣。"杰克·多西解释时代广场总部的开放式布局时是这么说的："我们鼓励员工到开阔区域工作，因为我们相信意外发现以及员工互相协作有助于产生新想法。"

为了讨论方便，我们将这种原则称作偶然创造力理论，即当允许员工与其他聪明的协作者相遇，就会有新想法涌现出来。马克·扎克伯格决定建造全球最大的办公室时，我们有理由推测，是这个理论促使他做出了这个决定，就像这一理论促使硅谷及以外的很多公司推行开放式办公场所一样。（节省成本、加强监督等其他一些重要性相对较低的因素也起到了作用，但是肯定不如上述理由炫酷。）

要在提倡专注还是意外发现之间做出选择，似乎暗示了深度工作（个体努力）无法与创造性洞见（协作努力）相容。然而这个结论是有缺陷的。我认为这个结论的基础是对偶然创造力理论的片面理解。为了证明这个论断，我们可以追根溯源，看看是什么造成了这种理解。

我在麻省理工学院的 7 年里，在闻名的 20 号楼工作。这座建筑坐落于东剑桥主街和瓦萨街的交叉点，在二战时期匆匆搭建起来作为临时避难所，用于容纳学校活跃的放射实验室的多余人员，最终在 1998 年拆除。2012 年的一篇《纽约客》文章称这座建筑最初被认为是一件失败的作品："通风很差，楼道昏暗。墙体很薄，房顶漏水。夏天闷热，冬天寒冷。"

然而战争结束后，仍有大量从剑桥而来的科学家不断涌入这里。麻省理工学院需要空间，因此并没有如他们向当地政府（换取优惠政策）承诺的那样立即拆除 20 号楼，而是继续将其用作分流空间。结果这里涌入了各个学院的人——从计算机科学、语言学到电子学，他们与一个车间和一套钢琴修理设施等奇异的邻居共享了这座房檐很低的大楼。因为这座建筑在建设时投入很少，因此住在其中的各个群体可以按照所需随意重新布置空间。墙体和地面可以移动，设备可以固定到横梁上。上述《纽约客》的文章在回顾杰罗尔德·扎卡赖亚斯（Jerrold Zacharias）发明原子钟的故事时指出，他能够将 20 号楼里的两层地板挪走，装上实验用的三层楼高的气缸，对于发明的成功起到了非常重要的作用。

在麻省理工学院的历史传说中，通常认为这种不同学科聚在一座大型可重塑的建筑里发生碰撞，制造了偶遇机会，激发了创造精神，从而实现了快速的科学突破。创新的主题非常广泛，包括乔姆斯基语法、罗兰无线电导航系统和电子游戏等，所有这些发现都在战后的数年里涌现。最终这座建筑被拆除，腾出空间给弗兰克·盖里设计的耗资 3 亿美元的斯塔特中心（Stata Center；我也在这个中心工作过），很多人还为此表达了忧伤之情。为了纪念被其取代的"胶合板宫殿"，斯塔特中心内还保留了没有完工的胶合板和裸露的钢筋混凝土，施工标志也都完整地保留了下来。

在 20 号楼匆忙建起来的同时期，一座更加系统性追求偶然创造力的建筑在距其西南 200 英里（约 322 千米）的新泽西茉莉山丘拔地而起。正是在这里，贝尔实验室主任梅文·凯利（Mervin Kelly）指导建设了实验室的新家，这座建筑鼓励不同专业的科学家和工程师之间的交流。凯利摒弃了不同部门入驻不同大楼的标准大学式做法，将所有空间安排在一个连续的结构里，由长长的走廊连接在一起——有些走廊太长了，当你站在走廊一头观望的时候，另一端看起来会消失于远处的某一点，正如贝尔实验室编年史作家乔·格特尼（Jon Gertner）对这种设计的记录："通过这样一条长长的走廊，想要不碰到熟人、遭遇问题、出现分神、冒出想法，简直是不可能的。去餐厅吃午饭的路上，物理学家就好像滚过铁屑的一块磁铁。"

这种策略，加之凯利积极招募全球最优秀人才的做法，创造出现代文明史上最集中的创新成就。二战之后的数十年里，这间实验室取得了诸多成就，其中包括：第一块太阳能电池、激光、通信卫星、蜂窝通信系统和光纤网络。与此同时，理论学家论证了信息理论和编码理论；天文学家通过实验论证了大爆炸理论而获得诺贝尔奖；最重要的发明或许是物理学家发明了晶体管。

换言之，偶然创造理论似乎非常符合这些历史记录。我们可以颇有信心地争辩道，晶体管的发明或许需要贝尔实验室的支持，将固态物理学家、量子论理论学家和世界一流的实验物理学者齐聚一堂，互相学习各自的专长，得到偶然的意外发现。这项发明不太可能由某位容身卡尔·荣格那类石塔一样的学术居所进行深度思考的科学家完成。

但是当我们在理解是什么真正带来了发生在 20 号楼和贝尔实验室之类的场所的创新时，一定要分清其中的细微区别。为了理清这一点，我们来再次回顾我在麻省理工学院的经历。2004 年，我作为新入学的博士生，成为第一批入驻新斯塔特中心的一员，如上文中所述，斯塔特中心取代了 20 号楼。因为中心是新建的，所以会带入驻的学生进行参观，吹捧一下建筑的特点。我们了解到弗兰克·盖里强调公共空间设计，在相近的楼层间设计了开放式的楼梯井，所有这些设计都是为了鼓励此前所推崇的偶然的意外发现。但令我倍感吃惊的是，所有办公室门框两侧都装有特殊的垫片，以增强隔音效果。当初盖里在设计时并没有考虑到这一点，是最近在教职工的强烈要求下才补充进去的。麻省理工学院的教授——世界上最具创新能力的一些技术专家——根本不想要开放式办公场所。他们希望能够与外界隔离开。

这种隔音办公室与宽阔公共空间的组合，形成了中心辐射型的创新建筑结构，在这里偶然的意外发现和与世隔绝的深度思考都能实现。这种设置囊括了两个极端：一方面我们能找到独立的思考者，没有外界激发灵感，但也少了外来的干扰；另一方面我们能看到在开放式办公室里互相协作的思考者，灵感不断，却也缺乏将其付诸实践的深度思考。[1]

如果将注意力转回到 20 号楼和贝尔实验室上，我们就能发现，二者的建筑设计具有同样的特点。二者都不同于现代的开放式办公室布局，而是利用标准的私人办公室结合共享走廊的方式。他们的创造性魔力更多源自这些办公室共享少量的长连通空间——迫使研究人员在来往不同地点时互相交流。换言之，这些宽大走廊提供了高效中枢。

因此，我们可以抛弃开放式办公室摧毁深度工作的这一观点，但是可以保留激发偶然创造力的创新产出理论。关键在于保持一种中心辐射型的布局：时常来到中枢区域与他人交流想法，同时也保留独立的辐射区域，可以在其中完成深度工作，处理偶然的想法。

然而，这种划分并不能解决全部问题，因为即使某人回到辐射区域，独立工作也并不一定就是最优的策略。比如，上文提及的贝尔实验室发明的晶体管。这项突破性发现是以一大群研究人

1　一些开放式办公室布局的支持者或许会宣称，他们会安排空余的会议室，供需要深入思考的人使用，这种做法也近似文中所述的深度和交流混合的方式。然而，这种不切实际的想法弱化了深度工作在创新中的作用。深度努力并非偶遇灵感者的附属工作方式；相反，大多数真正的突破需要将大部分时间投入到深度工作中。

员作为支撑的，他们各有自己的专长，走到一起组成了固体物理研究小组——这个小组致力于发明一种更小、更可靠的装置，替代电子管。这个小组的协同交流是产出晶体管的前提，也就是中枢行为有效性的典型例子。

一旦这个研究小组完成基础知识工作的铺垫，创新的过程就转移到了辐射区域。然而，使这个特别的创新过程变得尤其有趣的是，即使转移到辐射区域之后仍然有协作。特别是两位研究员——实验物理学家沃尔特·布拉顿（Walter Brattain）和量子论理论学家约翰·巴丁（John Bardeen），他们在 1947 年的一个月时间里实现了一系列的突破，最终带来了第一个可用的固态晶体管。

这段时间里，布拉顿和巴丁在一间小实验室携手合作，经常肩并肩，互相鼓励对方做出更好、更有效的设计。这些努力背后首要的是深度工作，但这是一种我们尚未介绍过的深度工作。布拉顿会高度专注于构思一种可以利用巴丁最新理论洞见的实验设计；而巴丁则会高度专注于理清布拉顿最新实验所展现的内容，尝试拓宽自己的理论框架，匹配观察结果。这种循环往复展现的就是一种协作式的深度工作（在学术圈里很普遍），这种深度工作方式利用了所谓的白板效应。解决某些类型问题的时候，利用共享的白板与他人合作与独自工作相比，可以将你推入到更深入的状态。有另外一方等待你下一步的洞见——可以是真正在房间里的人，也可以是在虚拟空间与你合作的对象——可以抑制躲避深度工作的天然本能。

现在我们可以总结一下深度工作中协作的作用的实用结论。20 号楼和贝尔实验室的成功，证明与世隔绝并非有效深度工作的必要条件。事实上，这两个例子表明，对于很多类型的工作而言——特别是追寻创新的工作——协作可以产出更好的效果。因此，这种策略要求你思考这种选择，考虑如何更好地将深度融入你的职业生活中。然而，在如此操作的过程中要时刻牢记下面两条指导方针。

首先，纷扰心神之事仍然是深度工作的大敌。因此，中枢辐射型模型是很关键的模板，将对意外发现的追求与深度思考以及夯实灵感的努力分开。你应该尝试分别优化每一项努力，而不是将二者混为一谈，以至于两方面的目标都受到阻碍。

其次，即使退回到辐射区域做深度思考，在适合利用白板效应的时候，也要充分利用。与某人肩并肩解决某个问题，你们可以互相推动，进入更深层次的工作状态，从而创造出比单独工作更有价值的产出。

换言之，在深度工作时，恰当的时机下可以采用协作的方式，推动你的成果提升到一个新档次。与此同时，也不要过分追求交流和积极的偶遇，以免破坏了专注的状态，因为我们最终还是靠专注从包围我们的各种想法中提取有用之物。

像经商一样执行

有一个故事在商业咨询界里已经成为传说。20 世纪 90 年代中期，哈佛商学院教授克莱顿·克里斯坦森（Clayton Christensen）接到英特尔公司首席执行官兼主席安迪·格鲁夫（Andy Grove）的电话。格鲁夫偶然读到克里斯坦森关于破坏性创新的研究文章，于是请他飞来加利福尼亚探讨这种理论在英特尔的应用。刚到英特尔，克里斯坦森就简要介绍了破坏性创新理论的一些基本点：根基稳固的公司经常会出其不意地被新兴公司赶下神坛，这些新兴公司以在低端市场兜售便宜产品起步，之后经过实践积累逐渐改进自己的廉价产品，直到可以窃取高端市场份额。格鲁夫意识到英特尔面临着 AMD 和新瑞仕等新兴企业在低端处理器市场的威胁。格鲁夫吸收了新学到的破坏性创新理论，调整了公司战略，推出了赛扬系列处理器——一种低端产品，帮助英特尔成功击退了低端市场的威胁。

然而，这段历史故事中有一段插曲很少有人了解。据克里斯坦森回忆，格鲁夫在一次会间休息时问他："我该如何去做这件事？"克里斯坦森就与他探讨了商业策略，向格鲁夫解释说，他可以成立一个新的业务单元之类。格鲁夫生硬地打断了他："你真是个天真的学院派啊。我问你如何做，你却告诉我应该做什么。我知道自己该做什么。我只是不知道如何做而已。"

克里斯坦森后来解释说，这种做什么与如何做的区别非常重要，但在职业世界中往往容易被忽略。找出实现某个目标的战略往往很简单，但是真正引领公司上行的反而是确定了战略之后该如何实施战略。我在克里斯坦森给一本名为《高效能人士的执行 4 原则》（*The 4 Disciplines of Execution*）所写的前言中读到了这个故事，这本书以大量咨询案例描述了 4 种"原则"（简称 4DX），帮助公司成功实施高水平的战略。阅读中吸引我的是这种做什么与如何做的区别，与想将更多时间用于深度工作的诉求相关。正如安迪·格鲁夫认识到了参与低端处理器市场竞争的重要性，我也认识到了优先深度的重要性。接下来我需要做的是理清如何实施这项策略。

受这种相似性的启发，我着手将 4DX 框架应用到个人工作习惯的培养上。结果很令人吃惊，这种方法极大地助力了我在实现深度工作目标方面的努力。这些策略或许最初是为大企业设计的，但是其基本理念似乎适用于所有既要完成某项重要事情，又要面临很多彼此矛盾的责任和分心事的情形。出于这种想法，我总结出下面几个小节，介绍4DX框架下的4种原则，针对每一种原则，我都会介绍自己是如何将其加以改进，以应对深度工作习惯培养中的特定问题的。

原则1：将关注点放到极端重要的事情上

正如《高效能人士的执行4原则》的作者所说的："你想做的事情越多，完成的事情反而越少。"这句话的意思是，执行需要专注于少量"极端重要的目标"。简化选择有助于组织和集中足够的精力来达成实在的成果。

对于专注于深度工作的个人而言，这要求你在深度工作的时间里追求少数几个雄心勃勃的成果。"花更多的时间用来深度工作"这种泛泛的指令并不能激起太多的热情。有一个明确的目标，能够带来实实在在的职业收益，也可以带来更稳定的热情。大卫·布鲁克斯在2014年的一篇专栏文章《专注的艺术》中对利用雄心勃勃的目标驱使专注行为的方法表示了认可，他解释道："如果你想要赢得注意力的战争，不要对那些从信息大杂烩中找到的琐碎分心之事说'不'，而是要对那些激发出你无尽渴望的事情说'是'，让这些能激发无尽渴望的事情挤掉所有其他的事情。"

　　比如，当我最开始尝试 4DX 的时候，我设定的目标是在未来一个学年里发表 5 篇高质量的同行评审论文。这个目标雄心勃勃，因为发表这个数量的论文是我以前从未做到过的，而且这个目标有着切实的回报（教职评估马上就要开始）。这两种原因结合起来，使这个目标燃起了我的动力。

原则 2：抓住引领性指标

　　确定了极端重要的目标之后，你需要衡量自己的成功程度。在 4DX 框架下，有两种衡量指标：滞后性指标和引领性指标。滞后性指标用于描述你最终尝试改善的方面。比如，如果你的目标是提升面包房的客户满意度，那么滞后性指标就是客户的满意度分数。而正如 4DX 的作者解释的，滞后性指标的问题在于它们出现得太晚，来不及改变你的行为："当你得到滞后性指标的时候，致力于实现这些指标的行为都已经成为过去。"

　　引领性指标则"衡量了实现滞后性指标的新行为"。在面包房的例子里，接受免费试吃样品的客户数量就是一个不错的引领性指标。这个数字可以通过分发更多的免费试吃样品来提升。随着这个数字的增加，你的滞后性指标最终也很可能得到提升。换言之，引领性指标引导你将注意力转移到提升你在短期内可以控制的行为上，并会对你的长期目标带来积极的影响。

对于专注于深度工作的个人而言，确定相应的引领性指标——专注于极度重要目标上的深度工作状态时间——非常容易。回到我个人的例子上，这种认识对于如何安排我的学术研究产生了非常重要的影响。我以前经常关注滞后性指标，比如每年发表的论文数。然而，这些目标对我的日常行为缺乏影响，因为我不知道短期内做什么可以立刻对长期的指标产生即时的可观改变。当我转而关注深度工作时间之后，突然间这些指标都与我的日常有了关联。多一个小时的深度工作时间立刻就能显示在我的计分板上。

原则3：准备一个醒目的计分板

"计分的时候，人们的表现很不同。" 4DX 的作者解释道。当驱使你的团队专注于所在组织的极端重要目标时，在一个公开的地方记录、跟踪他们的引领性指标非常重要。这个计分板可以制造一种竞争氛围，驱使他们专注于这些指标，即使被其他诉求吸引注意力时也不例外。此外，计分板还可以强化动机。一旦团队注意到他们在引领性指标上的成功，就会很投入地保持这种状态。

在前述的一项原则中，我提出要想个体专注于深度工作，用于深度工作的时间应该作为引领性指标。因此这个人的计分板应该是工作场所的人工制品——显示他当前的深度工作时间。

在我早期的 4DX 实验中，我设定了一种简单但有效的计分方式。[1] 我拿出一张卡片纸，将其剪成条，每一条记录当前学期的一个周。而后我在每一条上记下了每周的日期，将其贴在电脑显示器旁边的墙上（在这里我无法忽略它的存在）。每一周我都在当周的条上简单地做个标记，记录当周的深度工作时间。为了使这个计分板带来的动力最大化，每当我的学术论文取得重要进展时（比如解决了一项关键论证），我就会在实现这个成果的那个小时标记上画一个圈。这么做有两个目的。首先，这样可以使我从本能层面将累积的深度工作时长与实际的结果相联系。其次，这样有助于我校准个人对于完成每项成果所需深度工作时间的期望。这种做法（比我最初想象的要更有效）激励我每周都挤出更多的深度工作时间。

原则 4：定期问责

4DX 的作者详细阐释了专注于引领性指标的最后一步是要"定期与共享极端重要目标的团队会面"。在这些会议中，团队成员必须直面计分板，投入特定的行为，以保证在下次会议之前分

1　你可以在网上看到我的"时长计数器"快照："深度习惯：你应该记录时长还是里程碑？"2014 年 3 月 23 日。网址：http://calnewport.com/blog/2014/03/23/deep-habits-should-you-track-hours-or-milestones/。

数会提升，同时要讲述上次会议中做的承诺结果如何。他们指出此类回顾的会议可以压缩到几分钟的时间内，但是必须经常举行，以确保其效果能被人感受到。作者称这才是"执行的真正实现"。

对于专注于深度工作的个人而言，很可能没有任何团队可以会面，但是这并不意味着你就可以免去定期问责的过程。我推荐每周回顾的习惯，在每周回顾的过程中你可以制定下一周的工作计划（参见准则 4）。在实验 4DX 的过程中，我每周回顾自己的计分板，庆贺表现好的一周，理清是什么导致了表现糟糕的一周，而且最重要的是找出能够确保未来几天得到好分数的方法。此举使我不断调整日程计划，以满足引领性指标的要求，大幅增加深度工作时间。

4DX 框架建立在执行比制定策略更加困难这一基本前提之上。作者经过数百项案例调查总结出了几种基本的原则，在解决这些困境时似乎有特别好的效果。因此，这些原则对于你培养深度工作习惯的个人目标也会有类似的效果。

最后再回到我个人的例子上，以此作为总结。如我在前文中指出的，最初接纳 4DX 时，我设定的目标是在 2013—2014 学年发表 5 篇同行评审论文。考虑到此前一年我只发表了 4 篇论文（已经是很令我骄傲的壮举了），这是一个非常有野心的目标。在整个 4DX 的实验过程中，目标的明晰性，辅以引领性指标计分板提供的简单但却难以回避的反馈，促使我达到了此前从未实现的深度工作状态。现在回想起来，这并不是因为我的深度工作强度提升了，而是因为它变得更规律了。以前我常常将深度思考的过程放到论文截稿期前，而 4DX 习惯能帮助我的头脑全年都保持专注。我必须承认，那一年令我筋疲力尽（特别是同时我还在写作本书）。但是那一年的经历也同样是对 4DX 的有力认可：到 2014年夏天，我有 9 篇论文被接收，比此前任何一年的成果都要多。

图安逸

在 2012 年为《纽约时报》博客写的一篇文章中，散文作家、漫画家蒂姆·克莱德尔（Tim Kreider）有一段令人印象深刻的自述："我不忙。我是我认识的心怀大志的人中最安逸的一个。"然而，因工作岗位原因需要赶文章的那几个月却令克莱德尔对狂热工作的厌倦遭受了考验。下面是他对那段时间的描述："因为职业责任，我无奈地开始变得忙碌起来……每天早上我的收件箱满满的，都是邮件——要求我做一些不想做的事情，或是要我面对必须解决的问题。"

他的解决方法是什么？他躲到他称作"秘密场所"的地方：那里没有电视，没有网络（要骑自行车到当地图书馆才能上网），在那里他可以不用应对细小责任的轰炸；这些细小的责任单独看来都没有什么害处，但是汇集到一起却会严重损害他的深度工作习惯。"我能回想起那里的金凤花、椿象和星星。"克莱德尔回忆自己那段躲避工作的时间时说，"我读书。几个月的时间里终于真正地写了点东西。"

我们不应将克莱德尔看作梭罗一样的人物，这一点很重要。他躲避世间的纷扰并非为了深入一种复杂的社会批判。他移居到秘密场所是由一种奇异却很实际的洞见所驱使：这样能使他更好地完成工作。下面一段话是克莱德尔的解释：

> 闲散并不一定要在假期里，也不一定就是放纵或是一种恶行；闲散之于大脑就如维生素 D 之于身体一样不可或缺，如果剥夺了闲散时光，我的头脑就要经受折磨，就像受佝偻病折磨一般……虽然很矛盾，但它是完成任何工作所必需的。

当然，克莱德尔讨论的并不是浮浅任务。大多数情况下，你在浮浅工作上投入越多的时间，就能完成越多的工作。但是作为一名作家和艺术家，克莱德尔关注的是深度工作——能够创造出对世界有价值的苦功夫。他坚信完成这样的工作需要定期放松大脑。

本项策略认为，你应该按照克莱德尔的方法，每天在职业问题之外时常享受一些自由时光，这样才能使你得到——虽然听来有些矛盾——完成深度工作所需的闲散安逸。比如，你可以采用克莱德尔的办法，隐居到一个"秘密场所"，彻底躲开浮浅工作的世界，但是这对于大多数人来说都不太实际。相反，我推荐一种更实际且同样有很好启发性的方法：工作日结束的时候，在第二天早晨到来之前，屏蔽掉对工作问题的担忧——晚饭后不要查电子邮件，不要回顾白天的对话，也不要筹划如何处理即将到来的挑战，彻底屏蔽与工作相关的思考。如果需要更多的时间完成工作，就加一下班，但是一旦屏蔽工作之后，大脑就必须放松，如克莱德尔享受金凤花、椿象和星星一样。

在介绍支持这种策略的方法前，我首先要探究为什么屏蔽工作有利于提升你产出有价值成果的能力。当然，我们有克莱德尔的例子可循，但还是有必要花时间了解一下安逸时光有价值背后的科学道理。仔细研究文献，我发现下面三种原因或许可以解释这种价值。

原因 1：安逸时光有助于提升洞察力

看一看下面一段 2006 年《科学》杂志的论文节选：

数百年的科学文献都在强调有意识的思考在决策中
的益处……但是本文研究的问题是这种观点是否合乎情
理。我们推断它不合情理。

这段平淡的陈述背后隐藏着一种非常大胆的观点。这项研究
由荷兰心理学家艾普·狄克思特修斯（Ap Dijksterhuis）牵头，作
者们拟证明有些决定最好还是留给无意识心理去解决。换言之，
积极刻意地去思考这些决定，结果反而会更糟糕，不如在了解相
关信息之后转移到其他事情上，让潜意识去考虑这些事。

狄克思特修斯的团队告诉实验对象关于车辆采购这一复杂决
定的必要信息，其中半数的实验对象被告知要认真思考这些信息，
然后做出最好的决定；另一半实验对象在读过这些信息之后立刻
被简单的智力游戏吸引了注意力，然后在没有时间做任何有意识
思考的情况下做出决定。结果，分心的一组反而表现更好。

从这个实验中观察到的结果引导狄克思特修斯和他的合作者提
出了无意识思维理论（Unconscious Thought Theory, UTT）——理
解有意识和无意识思考在决策中所起作用的一种尝试。在更高的
层次上，这个理论提出，在具有严格规则的决策中，必须要采用
有意识思维。比如，如果要做数学计算，只有有意识思维才能严
格按照运算法则得出正确结果。另一方面，对于涉及大量信息和

多项模糊不清之处，甚至存在矛盾和约束条件的决策，无意识思维或许更适合。UTT 推测这种现象是由于大脑的这些区域具有更多的神经元带宽，可以处理更多的信息，相比有意识的思考区域能够得到更多的潜在解决方法。在这种理论下，你的有意识思维就好像家庭电脑一样，可以通过某种事先编写好的程序，得出有限数量问题的正确答案；而你的无意识思维就好像谷歌庞大的数据中心，通过数据算法在兆兆字节的、无结构可循的信息中筛选，为困难问题找出出乎意料的解决方案。

这项研究的结果显示，给有意识的区域休息的时间可以激活无意识区域，从而理清最复杂的职业挑战。因此，屏蔽工作的习惯并不一定会降低高效工作的时间，反而会使你开展的工作类型多样化。

原因 2：安逸时光有利于补充深度工作所需的能量

2008 年的《心理科学》（*Psychological Science*）里有一篇论文经常被人引用，其中介绍了一个简单的实验。实验对象分为两组，其中一组被安排在密歇根大学安阿伯分校附近的植物园里沿林间小道散步；另一组被安排走过喧嚣的市中心。之后两组人都被安排完成一项要求注意力非常集中的任务——倒背数字。这项研究的核心发现，亲近自然组在这项任务中的表现要高出 20%。

自然的优势直到第二周仍有效，当时研究人员请回了同一批研究对象并更换了实验地点，发现并非人决定了表现，而是他们有没有机会走过林间小道，为自己做好准备。

结果显示，这项研究是很多证实注意力复原理论（Attention Restoration Theory, ART）的例子之一，该理论认为在自然中度过时光可以提升个人的注意力。这项理论最早由密歇根大学心理学家瑞秋·卡普兰（Rachel Kaplan）和史蒂芬·卡普兰（Stephen Kaplan）——后者与马克·伯曼（Marc Berman）和约翰·乔纳德（John Jonides）在 2008 年共同完成了在此讨论的这篇论文——在 20 世纪 80 年代提出，其依据为注意力疲劳的概念。注意力复原理论认为要保持专注需要自主性注意力，这种资源是有限的，如果用光了，想要保持专注就很困难。（为了更好地理解，我们可以将这种资源想象成与本章引言提及的鲍迈斯特的意志力储备一样。[1]）2008 年这项研究认为，在繁忙的城市街道上行走需要使用自主性注意力，因为你要应对一些非常复杂的导航任务，比如何时穿过街道才不会被撞到，或者何时躲过挡在人行道上行动缓慢的一群游客。这样行走 50 分钟之后，研究对象的自主性注意力就变得很

---

[1] 文献中对二者的储备量是否相同仍有争议。但是为了更好地理解，这些都无关紧要。关键在于这是一种有限的资源，是保持专注所必需的，因此必须节省。

低了。

相反，在自然中行走，置身于马克·伯曼所谓的"天然引人入胜的刺激"中——比如日落，这些刺激会"恰当地唤醒注意力，使集中注意力的体系有机会补充能量"。换一种说法，在自然中行走时，你不需要集中注意力，因为并没有太难的路需要导航（如拥堵的十字路口），而且这种体验也是足够有趣的刺激，会使你的大脑得到充分占用，避免主动地转移注意力。这种状态给了你时间补充自主性注意力资源。经过这样 50 分钟的补充，实验对象的专注能力都得到了增强。

（当然，你或许会争辩在户外看日落使人们有了好心情，而有了好心情会很有助于在这些任务上的表现。但事实并非如此，研究人员在严酷的安阿伯冬季又重复了这项实验，反驳了这一假设。在严寒的户外散步并不会使实验对象有好心情，但是他们仍然在专注力任务中表现良好。）

真正重要的是认识到注意力复原理论不仅限于从自然中获得的益处。这个理论的核心在于，自主性注意力的能力可以得到复原，只要你能停下相应的活动一段时间。在自然中行走可以得到这样的精神放松，因此任何放松行为都可以有同样的效果，只要能够提供类似的"天然引人入胜的刺激"，能够暂时放下自主性专注状态。与朋友轻松地交谈，做晚饭的同时听听音乐，和孩子玩玩游戏，跑跑步——在你屏蔽工作的晚上，可以填满时间的任何活动——与在自然中行走都有同样的注意力复原作用。

另一方面，如果你整个晚上不停地查看、回复电子邮件，或是晚饭后又安排几个小时赶上即将到期的进度，你就剥夺了自主性注意力复原所必需的无干扰休息。即使中间做的这些工作只用去了很少的时间，也会使你无法达到注意力复原所需的深度放松。只有彻底放下，直到第二天开始之前不再工作，才能说服你的大脑充分放松、补充能量，为接下来的一天做好准备。换一种说法，晚间挤出一点时间工作可能会降低你第二天的工作效率，导致最后完成的工作量更少。

原因3：晚间安逸时光里放下的工作往往没有那么重要

我们提出每个工作日要有一个明确的终结点，这一点需要回顾刻意练习理论的创始人安德斯·艾利克森（Anders Ericsson）的研究。刻意练习是一种系统化提升某项技能的方法，能帮助你在某方面变得更好。我曾证明过，深度工作和刻意练习有很大程度的重叠。为了更好地论证，我们可以将刻意练习替换为常见的高认知要求工作。

在艾利克森1993年发表的同主题论文《刻意练习在专业技能习得中的作用》中，专门有一节用于回顾研究文献中揭示的个人对高认知要求工作的负载量。艾利克森指出，对于新手而言，每天一小时左右的高度专注工作可能达到极限，而对于专家而言，时间可以长达 4 小时，但基本也不能再长了。

其中引用的一篇研究文献中记录了柏林艺术大学的一群精英小提琴演奏家的练琴习惯。这项研究发现，精英演奏家平均每天在刻意练习状态练琴三个半小时，通常分两个独立的时段进行。成就稍逊的演奏家在深度状态下练琴的时间稍短。

此项研究结果显示，你每天处于深度工作状态的时间是有限的。如果你的日程安排足够合理（比如，利用准则 4 中介绍的一些策略），工作时间应该就已经达到了每日深度工作的极限。因此，到夜里你已经没有足够的精力做到有效的深度工作了。任何可以在夜里做的工作都不会是高价值产出的活动，不会对你的事业精进带来真正的益处；你此时的努力应该局限在低价值的浮浅任务上（以一种缓慢、低能耗的节奏进行）。换言之，推后了夜间的工作，你不会有什么重要的损失。

上述 3 个理由支撑着每个工作日设定严格终结点的策略。作为总结，我们来讲一些如何实施的细节。

想要这种策略成功，你首先必须接受这种承诺，一旦工作日终了，就不能让任何职业相关的事情侵扰你的注意力，再小的也不可以。其中尤其包括查看电子邮箱，以及浏览与工作相关的网站。上述两种情况下，即使短暂的工作侵扰也会形成一种自我强化的干扰流，持续长时间阻碍前文描述的屏蔽优势（比如，大多数人都有过这样的经历，周六早上瞥了一眼提醒的电子邮件，然后整个周末这封邮件中的事情都会不断纠缠着你）。

　　成功使用这种策略还需要遵守另外一种关键承诺，就是要有一套严格的停工流程，在工作日结束的时候使用，以使你成功结束一天的工作。更详细一点来讲，即确保回顾每一项未完成的任务、目标或项目，不是有确信可以完成的计划，就是保存在一个地方，合适时再取用。整个过程应如算法一样严谨：一系列你一直遵循的步骤，一步紧接另一步。结束的时候，要说出一个预设的短语，表明完成。（我在完成整个流程的时候会说："停工完成。"）最后这一步听起来有些浮夸，但这样做可以给大脑一个暗示，使其意识到可以放心地放下与工作相关的想法，留作明天再考虑。

　　为了更具体地解释这个建议，我们来看一看我每天是如何完成停工仪式的（我最开始在写博士论文的时候养成了这个习惯，后来不断完善，形式也多有变化）。首先我会再最后看一眼电子邮箱的收件箱，确保结束一天工作之前没有任何需要紧急回复的信息。接下来我会将头脑里或随手记下的所有新任务转移到办公任务表中。（我使用谷歌文档储存任务列表，因为我希望在任何电脑上都能找到这些列表，但是在这里使用什么技术是无关紧要的。）打开这些任务列表之后，我会迅速浏览每一个清单中的每一项任务，然后再查看一下日程表之后几天的安排。这两个举动确保我不会忘记任何紧急的事情、重要的截止日期或是即将到来的约定。仪式的最后，我会利用这些信息制订第二天的大概计划。一旦计划制订完成，我会说"停工完成"，我一天的工作思考时间就结束了。

完工仪式看来或许有些极端，但背后却有一个很充分的理由：蔡加尼克效应（Zeigarnik effect）。这种效应是根据 20 世纪初期心理学家布卢马·蔡加尼克（Bluma Zeigarnik）的实验而命名的，描述了未完成的任务主导我们注意力的能力。这种效应告诉我们，不管你在做什么，下午 5 点钟就直接停止工作，然后宣称"明天到来之前，我不再工作"，那么你恐怕很难使头脑不想工作上的问题，因为头脑中还想着很多没有完成的职责——如蔡加尼克的实验一样，它们整个晚上都会牵扯你的注意力（而且通常都能赢得你的注意力）。

最开始这种问题看起来似乎无法解决。因为任何忙碌的知识工作者都知道，总有一些任务完成不了。他们认为想要很好地解决所有问题简直就是痴人说梦。所幸，我们不需要真的完成一项任务才能将它赶出我们的大脑。在这个问题上帮助我们的是本条准则前出现的一位朋友——心理学家罗伊·鲍迈斯特,他和E.J.马西卡姆博(E.J. Masicampo)共同完成了一篇论文,论文题目很幽默——《假装做完了》。在这项研究中,两位研究人员在他们的实验对象中复刻了蔡加尼克效应(在这项研究中,研究人员为实验对象分配了一项任务,然后残忍地中断了他们的工作),再请实验对象制订一个计划,说明之后将如何完成未完成的任务,研究人员发现此举可以有效降低蔡加尼克效应的影响。引用论文中的话说:"因此,为某一项目标制订一个特定的计划或许不仅有助于实现这个目标,还可以解放认知资源,用于其他的追求。"

前文中介绍的完工仪式正是利用了这种策略去抵抗蔡加尼克效应。这样做并不是强迫你为任务列表中的每一项任务都制订一个计划(一项负担很重的要求),但确实要求你注意到列表中的每一项任务,然后在制订明日计划的时候回顾所有这些任务。这种仪式确保了所有任务都不会被忘记:每一项任务都会在当天得到回顾,并在恰当的时间得到解决。换言之,你的头脑从每时每刻都要追踪这些工作的职责中解放出来——你的完工仪式接过了大脑的责任。

完工仪式有时会很烦人,因为它在你工作日结束的时候又增加了10~15分钟的额外工作时间(有时甚至更长),但是这对于

收获系统化悠闲时光是必需的。从我个人的经验来看，完工习惯
固化需一到两周的时间，直到大脑足够信任这种仪式，开始在
晚上放松与工作相关的思考。一旦形成习惯，这种仪式也将永久
成为你生活的一部分，到那个时候，跳过这种仪式会给你带来不
安感。

心理学各个不同分支领域数十年的研究都指向同一种结论，
即定期让大脑休息可以提升深度工作的质量。工作时，努力工作；
完成时，就放松下来。你回复电子邮件的时间可能会稍长一点，
但是这些都可以得到补偿，掌握了精力复原能力的你在白天会比
那些筋疲力尽的同事做事更加深入，由此可以完成绝对数量更多
且真正重要的工作。

准则 2

拥抱无聊

　　为了更好地理解如何深度工作，我建议你在某个工作日的早上 6 点去拜访纽约斯普林瓦利（Spring Valley）的犹太社团教堂。到达之后，你将会遇到二十几个人的集会，他们在研究经文——一些人可能在静静地读或默念一门古代语言的单词；另外一些人可能正凑在一起辩论。房间的尽头，一位拉比正在主持一个大型的讨论会。斯普林瓦利的这个清晨集会只是一个缩影。几十万的正统犹太人会在每个清晨，如此去实践他们信仰的核心信条：每天拿出时间来研究拉比犹太教复杂的书写传统。

　　把我引荐到这个圈子里的人是亚当·马林（Adam Marlin）。他是犹太社团集会的成员，也是这个清晨学习组的常客。马林告诉我，他参加清晨学习组的目标是每天解读一页《塔木德》（Talmud）（尽管到现在，他有时候还是做不到），他有一个学习的伙伴（chevruta）来帮助他把学习能力推向认知极限。

让我感兴趣的不是马林在古经文方面的知识，而是一个人获得这些知识所需要付出的努力。当我采访他的时候，他着重强调了这个清晨仪式所要求的心智强度。"这是一种极度严格的训练，需要很多（你所写的）'深度工作'之类的东西。"他解释说，"虽然我正在经营一桩处于上升期的生意，但是这个训练反而经常成为我承受的最大心智挑战。"这种挑战并非只有马林一人要面对，而是贯穿于整个学习活动之中，正如他的拉比向他解释的："如果某一天没有挑战自己的心智极限，那么你就不能说已经完成了这一天的任务。"

不同于许多其他的正统犹太人，马林皈依得比较晚，他直到20多岁才开始接受严格的塔木德训练。这个细节反而有助于我们的研究，因为这样可以清楚地得知马林在采用这种心智练习之前和之后的区别——这个区别着实令他大吃一惊。虽然马林在参加这种学习之前就已经接受了非常好的教育——有 3 个不同的常春藤盟校学位，但他发现在和他一起学习的人中，有些人只念过小型宗教学校，但仍可以在他身边"绕圈讲经"。"他们许多人在职业上是十分成功的，"他向我解释道，"但并不是好学校帮助他们提高了智商，很明显是他们从小学五年级就开始的日常学习帮助了他们。"

一段时间后，马林注意到自己的深度思考能力得到了明显的改善。他告诉我："最近在打理生意时，我发现自己有了更深刻、更有创造性的理解力。我确信这与我日常的心智练习有关。年复一年的持续挑战增强了我的心智力量。这并不是一开始我追求的目标，但却得到了这样的结果。"

亚当·马林的经历说明了一个关于深度工作的重要事实：高度集中注意力的能力是一种需要训练的技能。个中道理一点就透，但是实践中大部分人对注意力的理解却与此相左。在以前的经历里，我把集中注意力不被打扰当成是一种类似于使用牙线的习惯——你知道如何去做，也知道它对你有益，但是因为缺少动力，你经常会忽视它。这种定式思维十分流行——只要你获得足够的动力，就可以瞬间转变自己散乱的工作生活，变得专注起来。然而，这种想法忽视了做到专注的难度，忽视了增强"心智力量"需要一定时间的练习。换句话说，亚当·马林现在职业生活中所拥有的创造性理解力与他决定进行深度思考的那一刻几乎没有关系，主要源自他在每一个清晨都训练这方面能力的努力。

关于这个理念，我们还可以得出一个重要推论：如果你不同时减少对分心事物的依赖，增强专注度的努力可能就会白费。就如同运动员在训练时段之外也要照顾好自己的身体一样，如果你逃避所有无聊的时间，那么你将很难实现最大程度的专注。

我们可以从克利福德·纳斯（Clifford Nass）的研究中找到证明这一推论的证据。这位斯坦福大学通信学的新晋博士因对于数字时代人类行为的研究而闻名于世。他认为在网上不断地切换注意力会对大脑产生长久的负面影响。2010 年接受美国全国公共广播电台的伊拉·福莱特（Ira Flatow）采访时，纳斯对自己的发现做出如下总结：

> 我们用一系列标准把人群分为一直进行多任务工作的人和很少进行多任务工作的人。这二者之间的差异是很明显的。一直进行多任务工作的人不能过滤掉无关事务。他们无法维持工作记忆。他们的注意力是长期分散的。他们会启用更多的与当前任务无关的大脑功能……他们基本上就是心智残疾的。

福莱特问纳斯，这种长期注意力分散的人是否注意到了他们大脑的改变：

> 他们总是说："瞧，当我真正需要专注的时候，我屏

蔽掉所有的事情，就可以像激光一样专注。"不幸的是，他们业已养成的习惯并不能使他们像激光一样专注。他们是无关事务的牺牲品。他们就是不能将任务持续下去。

纳斯发现，一旦你的大脑习惯了随时分心，即使在你想要专注的时候，也很难摆脱这种积习。更具体地说，如果你生活中潜在的每一刻无聊时光——比如说，需要排队等 5 分钟或者是在餐厅坐等朋友——都是用浏览智能手机来打发的，那么你的大脑就可能已经被重新编排，从某种程度上说，就像是纳斯研究里所说的"心智残疾"。这时你的大脑已经不能够胜任深度工作，即使你也会经常安排时间来训练专注的能力。

准则 1 教你怎么样把深度工作安排到日程里，用日常惯例和习惯来帮助你不断达到当前精力集中程度的上限。准则 2 将帮助你大大提高这一上限。而接下来的策略基于一个关键理念：最大程度地利用好自己深度工作的这一习惯需要训练。如上文中所阐述的，训练必须坚持两个目标：高强度提高你集中注意力的能力和克服分心的欲望。这些策略包括很多方法，从隔离分心到掌握一种特别形式的冥想。这些策略为你提供了一幅可行的路线图，使你从理智因不断分心而受损、难以专注，转变成为真正地像激光一样专注。

不要不断分心，而要不断专注

许多人认为他们可以随心所欲地从分心状态切换到专注状态，但是正如我所说的，这种想法过于乐观：一旦你适应了分心，你就会迷恋于此。考虑到这个现实，这个策略就是帮助你重新编排大脑，让它的结构更适合长期专注于任务。

在讨论细节之前，让我们来看一个解决分心的建议，这个建议虽然流行但是并不能起多大作用：网络安息日（有时也叫作数字排毒）。这个仪式最基本的概念就是让你经常性地——通常是每周一天——让自己摆脱网络技术。这就如同希伯来圣经中的安息日，拿出一段时间来静处与反思，以感恩上帝和他的恩赐。网络安息日的目的是让你懂得自己在紧盯着屏幕时失去的东西。

网络安息日的起源并不明确，但其流行通常归功于记者威廉·鲍尔斯（William Powers）。他在 2010 年出版的《哈姆雷特的黑莓》（*Hamlet's BlackBerry*）一书中对技术与人类幸福感进行了思考，使网络安息日的做法得以流行。正如鲍尔斯在后来的一次采访中说的："学习梭罗，在这个普遍联系的世界里创造一点点失联。"

很多针对分心的建议都是类似于这种暂时性摆脱网络喧嚣的方法。有些人拿出每年中的一到两个月来摆脱牵绊，有些人遵循鲍尔斯每周一天的建议，还有一些人则是拿出每天的一到两个小时。所有与此类似的建议都会带来益处，但是一旦我们知道分心问题会影响到大脑的编排，就会明白，仅仅是网络安息日并不能治愈已适应分心状态的大脑。这就像如果你只能保证每周一天的健康饮食，而其他的时间暴饮暴食，你就很难变瘦。与之相似，如果你只是每周一天来对付分心，恐怕也难以有效地减少大脑对它的依赖，因为你大部分的时间仍然是屈从于分心。

我有一个替代网络安息日的方法。与其偶尔从分心中拿出部分时间来专注，你更应该从专注中规划出偶尔的分心。具体讲来，我们可以把使用网络看作寻求使人分心的刺激。（当然，你可以以专注的深度方式来使用网络，但是对于一个分心成瘾者来说，这是很难的。）同样地，我们暂且认为没有网络的工作是更专注的工作。（当然，在没有网络的情况下，你也会分心，但这种分心通常更容易抵挡。）

在这种粗略的分类下，我们的策略如下：预先计划好你使用网络的时间，然后在这些时间之外完全避免使用网络。我建议你在自己工作的电脑旁边放一个笔记本。在笔记本上，记录你下一次使用网络的时间。直到那个时间前，无论面对何种诱惑，都不能接触任何与网络相关的东西。

这个策略背后的理念是：使用令人分心的网络工具这件事本身并不能减损你大脑专注的能力。实际上，减损这种能力的行为是稍有无聊或遭遇一点点认知上的挑战，就从低刺激、高价值的活动转向高刺激、低价值的活动，这就使得你的大脑不能容忍没有新奇的东西。这种经常性的转换可以理解为削弱大脑组织各个部分集中注意力的心理力量。通过分割网络使用（相当于分割了分心），减少自己向分心屈服的次数，这样就增强了自己控制注意力的力量。

举个例子，如果你制订了 30 分钟内禁止使用网络的计划，开始感觉到无聊并渴望消遣，那么接下来这 30 分钟的对抗就成了一个阶段性集中注意力的训练操。控制一整天的分心时间就成了一整天的心智训练。

虽然这个策略背后的基本理念是简单的，实践却不那么容易。为了实践这个理念，有 3 个需要考虑的重点。

第一点：即使你的工作需要大量使用网络和快速回复电子邮件，这个策略也适用。

如果你每天都必须花数小时上网或者迅速回复电子邮件，那也无妨，这不过是意味着你的网络时段次数将远远多于那些工作中需要较少接入网络的人。相对于保证你离线时段的完整性，网络时段的总次数和时长并没有那么重要。

举个例子，假设在两次会议之间有两个小时，你必须每 15 分钟就安排查收一次邮件。再进一步，假设平均每次查收都需要 5 分钟。那么在这两个小时的时间段里，每 15 分钟安排一次网络时段，剩下的时间全部为离线时段，这就足够了。在这个例子中，在两个小时内，你就有 90 分钟处于离线状态，并会主动抵挡分心。这样，不需要牺牲太多的网络时段，就可以实现大量的专注训练。

第二点：不论你怎么计划网络时段，都必须保证在这些时段外彻底屏蔽网络。

这个目标的道理浅显易懂，但是面对日常工作中复杂的现实，要实现这个目标却十分棘手。在执行这个策略的时候，你必然将遇到这样的问题：在离线时段刚开始的时候，为了继续推进当前的工作，你需要上网检索某些重要的信息。如果网络时段不能马上开始的话，你的工作就可能陷入停滞。在这种情况下，你可能会立即让步，上网检索后再恢复到离线时段。你必须抵挡这种诱惑！网络是有诱惑性的：你可能认为自己只是从收件箱中查找了一份重要的电子邮件，但其实你将很难拒绝浏览其他刚刚收到的"重要"信息。如此一来，用不了多久，你的大脑就会开始混淆网络时段和离线时段的界限——这就削弱了该策略的益处。

面对此种情况，要切记即使陷入停滞，也不能马上放弃离线时段。如果可以的话，在这个离线时段剩下的时间内进行另一种离线活动（或者甚至也可以用这段时间来放松）。如果不可以——因为可能你需要立即完成当前的离线活动——那么正确的反应应该是改变时间安排，尽快开始下一段网络时段。然而，这一改变的关键，不是安排下一个网络时段马上开始，而是至少等上 5 分钟再开始上网。5 分钟的时间并不长，不会过度阻碍你的进度，但是从行为主义角度来看，这却是意义重大的，因为这样做能把你想要上网的感情与实际上网的回馈这二者割裂开来。

第三点：在工作外也按计划使用网络，可以进一步提升专注训练的效果。

如果在晚上和周末，你都是粘在智能手机或者是笔记本上，那么这些工作外的行为就可能抵消工作中试图重新编排大脑的努力（你的大脑不太能区分这两种情境）。因此我建议在工作日之外的时间里也坚持按计划使用网络。

简单说来，在工作外按计划使用网络时，你可以在离线时段允许对时间敏感的通信（例如与一个朋友发短信确定在哪里一起吃晚餐），以及对时间敏感的信息检索（比如说在手机上查找某饭馆的地址）。除了这些实用主义的网络使用之外，在离线时段，要收起手机，无视短信并限制使用网络。该策略因具体情况不同可做出适当改变，如果在你的晚间娱乐中网络具有重要地位和作用，那也无妨：你可以计划大量的长时间的网络时段。这里的关键不是避免，甚至不是减少你花在令人分心的活动上面的时间，而是在整个晚上给你更多的机会，在面对些许无聊的时候，抵挡住转换到令人分心活动上的诱惑。

当你被迫等待的时候（例如在商店里排队），执行这种策略会变得尤其困难。在这个时刻，如果你正处于离线阶段，那么一定要忍耐这暂时的无聊，凭借大脑的思考度过这一段时间。静静等待并忍受无聊已经成为现代生活的一种新奇体验，从集中注意力训练的角度出发，这具有不可思议的重要价值。

总而言之，如果想凭借深度工作成功，你就必须重新编排自己的大脑，使它可以从容地抵挡令人分心的刺激。这并不意味着你需要清除令人分心的活动，仅仅清除这些活动劫持你注意力的可能性就足够了。我们提出的计划网络时段的简单策略，会对你重新获得注意力自主权有很大的帮助。

像罗斯福一样工作

如果你在 1876—1877 学年就读于哈佛学院（Harvard College），就很可能会注意到一名声音尖细、留着络腮胡、傲慢且精力出奇旺盛的大一新生，他名为西奥多·罗斯福（Theodore Roosevelt）。如果你进一步与这个年轻人交往，可能很快就会发现一个矛盾。

一方面，他的注意力可能看起来分散得令人绝望，如同学所称是一组"惊人的兴趣排列"。根据传记作家埃德蒙德·莫里斯（Edmund Morris）统计，他的兴趣包括拳击、摔跤、健身、舞蹈课、诗歌阅读和他毕生所爱的自然学（罗斯福在温斯洛普街的房东就很不满意他这位年轻房客在房间里解剖和制作标本）。这最后一个兴趣发展得很好，在大一结束的夏天，罗斯福出版了自己的第一本书《阿迪朗达克山脉夏季里的鸟》（*The Summer Birds of the Adirondacks*）。这本书获得了《纳塔尔鸟类学俱乐部公报》（*Bulletin of the Nuttall Ornithological Club*）的好评，以至于莫里斯认为年轻的罗斯福已经是"美国最博学的青年自然学者之一"。

为了开展这些课程外的爱好活动，罗斯福不得不大大缩减本应该用在主业学习上的时间。莫里斯根据罗斯福当时的日记和信件，推测这位未来的总统通常每天只有不超过四分之一的时间用于学习。大家可能以为罗斯福的学习成绩会惨不忍睹，但相反，他虽然不是班里的尖子生，但成绩也不赖：在大一的 7 门课程中，他获得了 5 门优秀。对于这一矛盾的解释就在于他处理学业的独特方式——从上午 8 点半到下午 4 点半这 8 个小时内，除了留给背诵、班级课程、体育锻炼（通常是一天一次）以及午饭的时间以外，余下的时间全部用于专注学习。如前文所述，这些时间加起来也没有多少，但是通过在这些时间内高强度专注于攻读课业，他可以实现最高效的时间利用。莫里斯介绍说："他待在书桌前的时间比较少，但是注意力十分集中，他的阅读速度十分快，所以可以比大多数人（从课业中）节省出更多的时间。"

　　这个策略就是要求你在日常工作中，不时地像罗斯福一样发起冲锋。要找出一项优先度很高的深度任务（即需要深度工作才能完成的任务）。估算出完成此类型任务需要的时间，然后设定一个硬性截止期限，留出的时间远远少于估算时间。如果可以的话，公开自己的这个截止期限——例如，告诉等待工程结束的人工程何时结束。如果不可以（或者是公开截止期限会使自己的工作陷入危险境地），那么就在手机上设一个倒计时，并确保在工作的时候无法忽略倒计时的存在。

　　这样一来，解决深度任务的方法只有一个：高强度工作——

不查收电子邮件，不做白日梦，不浏览脸谱网页面，不数次来到咖啡机前泡咖啡。就像在哈佛的罗斯福，利用每一束空闲的神经元来处理任务，直到你用自己不懈的高度注意力集中解决了任务。

刚开始的时候，一周进行这种实验的次数不要超过一次——让你的大脑提高强度，但是也要给它休息的时间。一旦你相信自己可以用专注的方法来节省时间，就可以提高这种罗斯福冲锋的频率。有一点需要提醒的是，一定要给自己设定一个几乎不可能的时间期限。你应该总是可以赶在最后期限前完成任务（至少是接近），但是这期间需要你用上吃奶的力气。

这个策略的意图很明显。深度工作需要专注的强度远远超出大部分知识工作者的舒适区。从某种意义上说，罗斯福冲锋配上截止期限，为大脑控制注意力的部分提供了反复的训练，可以系统性地提升你平时的成就水平。另一个好处就是这些冲锋不与分心兼容（在分心的情况下，你是不可能赶在截止期限前完成任务的）。因此，每一次的冲锋都是一个抵抗新奇刺激的过程：你心底里感到无聊，并且真的想寻求更多的新奇刺激，但是你得抵抗。正如我们在前边所讨论的，你抵抗这种冲动的实践越多，抵抗力就越强。

在应用这个策略几个月之后，随着前所未有的高强度体验，你对于专注的理解也会改变。如果你像年轻的罗斯福一样，就可以把由此节省出来的时间投入到生活中的赏心乐事中，比如说试着打动那些眼光老辣的纳塔尔鸟类学俱乐部成员。

有成果的冥想

在麻省理工学院做博士后副研究员的两年里，太太和我住在著名的灯塔山（Beacon Hill）平克尼街（Pinckney Street）的一套公寓里，这套公寓虽小，却很精致。我住在波士顿，工作在剑桥，这两个地方隔查尔斯河（Charles River）相望，距离不远，只有一英里。为了健身，我决定利用好这一段距离，在家与学校之间往返的时候尽可能步行，即使是在新英格兰（New England）漫长黑暗的冬天也不例外。

不论天气如何，我的路线都保持不变——早上经过朗费罗大桥（Longfellow Bridge）步行去校园（令人失望的是，暴风雪过后，这个城市经常没有及时铲掉人行道上的雪）；中午，我会换上跑步装，沿着查尔斯河河岸，经过马萨诸塞大道桥（Massachusetts Avenue Bridge）跑回家；在家迅速吃完午餐，冲个澡，然后坐地铁回学校（这样可以少走三分之一英里）；在结束一天的工作后，我会再步行回家。换句话说，在那段时期，我花在走路上的时间很多。这让我培养了一个习惯，我建议你在自己的深度工作训练中也采用它：有成果的冥想。

有成果的冥想的目标是：在身体劳作而心智空闲的时候（比如走路、慢跑、开车、淋浴），将注意力集中到一个定义明确的专业难题上。因个人专业不同，这个难题可能是为一篇文章列提纲，写一篇讲话稿，推演一个证明，或者是打磨一个商业策略。如同佛教的打坐，你的注意力可能会涣散或停滞，但你必须不断地把它重新集中到当前的问题上。

住在波士顿时，在每天上下班的过河旅途中，我至少会做一次有成果的冥想。随着这方面能力的提高，我的成绩也有了提升。比如说，在步行的路上，我想好了上一本书的大部分章节的提纲，也在攻克棘手的学术问题上取得了进展。

我建议你在生活中采用有成果的冥想。你并不需要每天进行严格的练习，一周进行至少两到三次即可。幸运的是，找出这种时间是简单的，因为这只需要你利用本可能被浪费掉的时间（比如说遛狗和通勤的时间）。如果一切顺利，这种做法可以提升你在专业上的产出，却不需要占用你的工作时间。实际上，为了用有成果的冥想来解决当前最紧急的问题，你甚至可以考虑在工作时间安排一次散步。

然而，我在这儿推荐有成果的冥想并不仅仅是因为它能提高生产效率（这当然已经很好了），而是因为它可以迅速提高你深度思考的能力。按照我的经验，有成果的冥想可以帮助你实现在准则 2 引言中介绍的两个关键理念。它通过迫使你抵抗分心，不断地把自己的注意力集中到一个定义明确的问题上，来强化抵抗分心的心智，提升专注力。

为了更好地利用有成果的冥想，有一点必须要注意，那就是和其他的冥想一样，这种能力需要实践来磨炼。回想在我读博士后的头几个星期，第一次尝试这个策略的时候，我发现自己分心的程度简直不可救药——努力"想"了很久却没有结果。我尝试了十几次之后，才开始取得实际成果。你可能也会遇到类似的情况，所以耐心是十分重要的。为了帮助你加速这个上手的过程，在此提供两条具体建议。

建议 1：小心分心和原地打转

在开始有成果的冥想时，初学者的大脑会出现的第一种反抗就是引来许多无关但是好像更有趣的想法。以我个人为例，我的大脑经常成功地把我的注意力拐走，让我去编辑一封电子邮件。客观来讲，编辑电子邮件的想法听起来十分无聊，但是在那个时刻，其诱惑性变得难以抵挡。当你发现某个想法偷走了你的注意力时，可以温柔地提醒自己稍后再回到这个想法上，现在先把你的注意力收回来。

　　这种分心会从很多方面阻碍你养成有成果的冥想的习惯。还有一个不明显，但是有同等效果的阻碍，那就是原地打转。面对一个难题时，你的大脑会尽可能地避免浪费过多能量。这是人类演化的结果。节省能量的方法之一就是避免深度思考难题，相反，而是绕着这个难题的外围已知部分不断地打转。例如，在做证明的时候，大脑会有反复研究简单的初步成果的倾向，逃避根据这些成果去做艰难的工作以获得最后的结果。你必须警惕原地打转，因为这会迅速破坏整个有成果的冥想。当你发现类似的迹象之后，要提醒自己可能已在原地打转，然后把自己的注意力推向下一步。

建议 2：组织你的深度思考

　　对一个难题进行"深度思考"似乎是一种自然而然的活动，但实际上却不是。在没有分心的心智状态下，你遇到一个难题，并且也有时间思考，接下来该怎么做却并不会自动显现。按照我的经验，深度思考是需要有一定架构的。我建议首先仔细考察解决这个问题的相关变量，然后在工作中留心这些因素。例如，如果你正在思考一本书中某个章节的提纲，那么相关的变量就可能是在这章节中所要表达的观点；如果你试图解决一个数学证明，相关的变量就可能真的是数学中的变量、假设或前提。一旦确定了相关变量，就用它们来确定你下一步需要解决的具体问题。在写书的那个例子中，下一步的问题可能是"我如何有效地开篇"；在证明中，下一步的问题可能是"如果这个性质不成立，那么哪里会出错"。通过考虑这些相关变量，明确下一步的问题，这样就为自己的注意力指明了方向。

假设你顺利解决了下一步的问题，这个有架构的方法的最后一步就是通过考察所得的答案来巩固收获。这样通过再一次执行这个程序，你可以加深自己的深度层次。考察和记忆变量，确定和处理下一步问题，然后巩固你的收获，这样的一个循环就像是一个提高专注能力的高强度健身流程，可以使有成果的冥想更有成效，并加速提高你进行深度活动的能力。

记住一副牌

只需要 5 分钟，丹尼尔·基洛夫（Daniel Kilov）就可以记住以下任何一项内容：一副洗好的牌，一串 100 个随机数字，或者115 个抽象图形（最后一项创造了澳大利亚纪录）。基洛夫最近在澳大利亚记忆锦标赛中又赢得了一枚银牌，这已经不足为奇了。回顾基洛夫的人生经历，很难相信他最后会成为一名心智运动员。

基洛夫告诉我："我超乎寻常的记忆力不是天生的。"实际上，他自己在高中的时候健忘又散漫。他遇到了学业困难，最终被诊断为注意力缺失症。在一次巧遇当时澳大利亚最成功的记忆冠军坦赛尔·阿里（Tansel Ali）后，基洛夫开始认真训练起自己的记忆力。等到获得大学学位时，他已经赢得了自己的第一枚全国性竞赛的奖牌。

他向世界级心智运动员的转变是迅速的，但却不是独一无二的。2006 年，美国科学作家乔舒亚·福尔（Joshua Foer）赢得了美国记忆锦标赛（the USA Memory Championship）。根据他在 2011 年出版的畅销书《刻意练习记忆》（*Moonwalking with Einstein*）中的记载，在这之前他也只进行了一年的高强度训练。基洛夫的故事说明，他是在高强度的记忆力训练期间，学业表现发生了变化的。通过大脑训练，他从一个有注意力缺失症的困难生变成了澳大利亚一所一流大学的一等荣誉毕业生。不久后，他就被另一所顶尖大学的博士生项目录取，当前在某著名教授的指导下学习。

圣路易斯市（Saint Louis）华盛顿大学的记忆力实验室负责人亨利·罗迪格（Henry Roediger）向我们揭示了这种转变的原因。2014 年，罗迪格和他的合作者向在圣迭戈举行的极限记忆力锦标赛派遣了一个工作组。这个工作组带去了一系列认知测验。他们想知道记忆力超群者和普通人的区别到底在哪里。后来，罗迪格在《纽约时报》的博客上说："我们发现记忆力运动员和普通人在认知能力方面最大的区别不在于能够直接测量的记忆力，而在于注意力。"这种能力叫作"注意力控制"，是测量研究对象对于关键信息保持专注的能力。

换句话说，记忆力训练带来了意外的收获：个人专注能力的提升。这个能力的提升可以很好地应用到任何需要深度工作的任务上。我们可以这样断言：丹尼尔·基洛夫并不是因为卓越的记忆力而变成明星学生，而是由于他在提高个人记忆力的同时（意外地）获得了进行深度工作的优势，而这对于学业十分关键。

我们的策略就是请你模仿基洛夫训练中的关键部分，以此获得集中注意力能力的提升。这个策略要求你学习一个大多数心智运动员都会的、令人印象深刻的标准技能：记住一副洗过的牌。

这个记牌的窍门来自一位业内人士：罗恩·怀特（Ron White）。他曾是美国记忆锦标赛冠军，记牌世界纪录的保持者。[1]怀特强调的第一件事就是职业记忆力运动员从不死记硬背，不会仅仅反复阅读信息，然后在大脑中重复。这种记忆方法虽然在因

---

[1]　步骤来自怀特的文章：罗恩·怀特，《如何用超人的速度记住一副牌》（How to Memorize a Deck of Cards with Superhuman Speed）。特邀博文，《绅士养成指南》（The Art of Manliness），2012 年 6 月 1 日，http://www.artofmanliness.com/2012/ 06/01/how-to-memorize-a-deck-of-cards/。

学业而焦头烂额的学生中很流行，但它误解了我们大脑的工作方法。我们的大脑不适合去记抽象的信息，而是十分擅长记住场景。回想一件你生活中最近发生的难忘之事：可能是参加一次会议的开幕式，或者是与一位许久不见的朋友聚会饮酒。试着尽可能详细地描绘这个场景，即使在当时没有刻意去记忆这个场景，大多数人对于当时事物的记忆之清晰都会令人惊讶。如果系统地统计记忆里的独特细节，总数可能会大得惊人。也就是说，如果方法得当，你的大脑可以迅速记住大量细节信息。罗恩·怀特的记牌技能正是基于这一见解。

对于这种大信息量的记忆任务的准备工作，怀特建议首先穿行于家中的 5 个房间，在大脑中建立一个影像库。你可能先从正门进入，穿过玄关，进入楼下的浴室，出门后再进入客房，进厨房，然后再进入地下室。记下你在每一个房间所看到的图像。

一旦你可以轻松回忆起这个熟悉地方的布置，那么就让大脑记住每一间房的 10 件物品。怀特建议选择大件物品（这样更便于记忆），比如说桌子，而不是铅笔。接下来，为每一间房的这些东西排列顺序。比如说，在玄关，你可能看到了正门门垫，然后是门垫旁边的鞋子，然后是鞋子上方的长凳，诸如此类。有了这 50 个物品，再加上两个，可能是在后院里的物件，总之要凑齐 52 个。稍后你需要把这些物件的图像与一副标准扑克牌联系起来。

练习这种大脑锻炼操：穿过各个房间，按次序记住每间房中的物件。你会发现，这种记忆建立在对熟悉的地点和事物的视觉形象上，比在学校中使用的死记硬背来得简单。

记住一副牌的第二步就是把 52 张牌中的每一张与一个难忘的人或东西相对应。方便起见，试着为每一张牌安排一个有逻辑联想的形象。怀特为我们举了一个例子，他把唐纳德·特朗普（Donald Trump）与方片 K 联系起来，因为方片代表了财富。反复练习记忆这种联系，直到随机抽出任何一张牌，你都可以马上说出对应的形象。如之前所说的，我们使用的视觉形象和联想有助于我们建立联系。

以上提到的两个步骤是准备步骤。这些准备在以后记任意一副牌的时候都可以重复用到，是一劳永逸的。一旦完成这些步骤，你就可以进行正式工作了：尽可能快地记住刚洗过的一副牌。方法很简单。开始在脑海中穿过你家。你每遭遇一件物品，就看一张牌，然后想象这张牌对应的难忘的人或东西在那件物品旁边做一件难忘的事。例如，如果第一件物品和位置是在正门门口的垫子，而第一张牌是方片 K，你就可以想象唐纳德·特朗普在你家玄关的正门门垫上擦去他那双昂贵皮鞋上的泥土。

细心地往前穿行于每一个房间，按照正确的顺序把正确的形象与物件联系起来。完成一个房间后，你可能会再连续反复走几次，以便将其铭记在脑海中。一旦完成这 52 对联系，你就可以把这副牌交给朋友，并且不需要偷看就能飞快地把这些牌按顺序说出，让他大吃一惊。当然，要完成这个工作，你只需要再一次在脑海中穿过每一个房间，随着你的注意力逐一转移到每一个难忘的人或东西上，就能读出每一张对应的牌。

　　练习这一技巧，你将会像之前的那些心智运动员一样，发现自己可以在极短的时间里记住一整副牌。当然，它所带来的益处远远不只是震惊你的朋友，更重要的是这种练习给你的大脑所带来的提升。执行前述的几个步骤需要你不断反复地把注意力集中于一个明确的目标。就像重量可以锻炼肌肉，这个练习可以增强你专注的能力，让你更轻松地进行深度工作。

　　最后，我们还是要指出一个显而易见的道理：记牌并没有什么特别之处，任何需要持久注意力的、有组织的思维过程都会有相似的功效——不管是准则 2 开篇所说的像亚当·马林一样学习《塔木德》，或者是练习有成果的冥想，抑或是用耳朵来辨识一首歌曲中的吉他伴奏（这是我过去的一个爱好）。如果记牌对你来说有点怪，那么就换一个类似的也对认知有所要求的活动。本策略的关键不在于以上所说的具体方法，关键在于记住一点：只要你愿意付出努力，就可以提高自己的专注力。

准则 3
远离社交媒体

2013 年，我与电子媒体咨询师巴拉唐德·瑟斯顿（Baratunde Thurston）进行了一个实验。他决定在 25 天里屏蔽网络生活：不使用脸谱网、推特和 Foursquare（该网络服务商授予他 2011 年"年度市长"荣誉），甚至不使用电子邮件。他也确实需要一个这样的中场休息。瑟斯顿被他的朋友们誉为"这个世界上关系最多的人"，在开始实验前的一年时间里，根据他自己的统计，他进行了 59000 条 Gmail 对话，在脸谱网上发表了 1500 条动态。"我之前筋疲力尽，身心俱疲，万念俱灰，无以为继。"他这样介绍之前的生活。

通过瑟斯顿在《快公司》（Fast Company）杂志的封面文章，我们了解了他的实验。具有讽刺意味的是，文章署名为"＃不插电"。瑟斯顿在文中说，不需要很长时间就可以适应脱离网络的生活。"第一个星期结束时，每天那种安静的节奏已经显得不那么奇怪了。"他说道，"我也不会像以前那样担心无法及时了解新事物，虽然没有了通过分享视听资料而获得的'网络存在'，但我感觉到我仍然存在着。"瑟斯顿开始尝试与陌生人对话。他停止在 Instagram 上发布享受美食的经历。他买了一辆自行车（事实证明如果你拒绝一心二用，停止刷推特，你的驾驶技术会进步很大）。"结束得太早了。"瑟斯顿感叹道。因为要经营自己的创业项目，要向市场推介自己的书，所以 25 天过后，他又很不情愿地现身网络了。

巴拉唐德·瑟斯顿的实验简洁地总结了当前我们的文化与脸谱网、推特和 Instagram 之类的社交网络，以及与 Business Insider 和 BuzzFeed 之类的娱乐信息节目网站之间的关系的两个重要方面。第一个方面是，我们越来越深刻地意识到这些工具把我们的时间碎片化，削弱了我们集中注意力的能力。这一点现在几乎已经成为定论。对于不同的人群，这都是一个现实问题。如果你正在试图提升深度工作的能力，这个问题就会变得十分严重。举一个例子，在之前介绍的规则里，我描述了几种可以帮助你集中注意力的策略。但是如果你在尝试这些策略的同时却表现得如同实验前的巴拉唐德·瑟斯顿一般，在训练自己的同时沉迷于手机应用和网页浏览中，那么你的努力就可能会事倍功半。一个人的意志力是有限的，你的工具对你越有吸引力，你就越难在重要的事情上集中注意力。因此，要掌握深度工作的艺术，你必须摆脱各种各样的诱惑，重新掌控自己的时间和注意力。

然而，在向这些分散注意力的事物发起反击之前，我们必须更好地掌握战场形势。这就引出了我们从巴拉唐德·瑟斯顿的故事中总结出的第二个重要方面：当前知识分子在讨论网络工具和注意力问题时表现出来的无能。明明知道这些工具在压榨自己的时间，瑟斯顿却束手无策，他感觉自己唯一的选择就是（暂时地）完全戒掉网络。这种认为应对社交媒体和娱乐信息节目分散注意力问题的唯一方法就是选择激进的"网络假期"[1]的想法，正逐渐占据我们文化讨论的主流。

这种二元论的处理问题的方法存在的缺点就是这两种选择都太残忍，因此不可能有用。很显然，认为可以戒掉网络的观点属于冠冕堂皇地偷换概念，对大多数人来说是不可行的（除非你是一名正在尝试写一篇关于分散注意力事物的记者）。没人会真的效仿巴拉唐德·瑟斯顿的做法——这个事实也证明了另一个选择的正确性：认识到我们目前注意力被分散的状态是不可避免的，接

1　请注意，"网络假期"不同于准则 2 中的"网络安息日"。后者是告诉你从网络生活中找到一个规律的暂停（通常是周末的一天），前者指的是一种彻底、长期脱离网络的生活，持续数周，有时甚至更长。

受现实。举瑟斯顿的例子来说明，他在网络假期中所获得的真知灼见，也并没能够阻止他在实验结束后很快地回到之前那种碎片化的生存状态。在我开始写这一章的时候，也就是在瑟斯顿的文章首次在《快公司》杂志刊登的 6 个月后，这位经过改造的"连接器"在他醒来后的几个小时内已经发了十几条推特消息。

本条准则将提供第三种选择，帮助我们摆脱这种可恶的习惯：认识到这些工具并不完全是邪恶的，有些甚至对你的成功和幸福十分重要；然而与此同时，也意识到应该对那些会经常占用你的时间和注意力（更不要说个人信息）的网站设立一个严格的限制标准，大部分人应该更少地使用此类工具。换言之，我不会要求你像 2013 年的巴拉唐德·瑟斯顿那样完全戒掉网络 25 天，但是我会要求你避免那种促使他开展激进实验的状态——注意力分散并且极度依存于网络。网络的使用存在着一个中庸状态。如果你对深度工作的习惯感兴趣，你必须努力争取达到这个中庸状态。

我们探索网络工具使用的中庸状态，第一步就是理解当前大部分网络用户默认的决策机制。2013 年秋天，在写一篇解释我为何从未使用脸谱网的文章时，我得到了启发。尽管那段文字本意是去解释而不是指责，但还是遭到了许多读者的抵制。他们为自己使用脸谱网正名，以下是他们的理由：

·"起初，脸谱网的娱乐性吸引了我。我可以了解朋友们的动态，展示有趣的图片，并且快速评论。"

· "当我第一次加入，我不知道为什么……仅仅因为好奇，我加入了一个短篇小说论坛。在那里我提高了写作水平，结识了很好的朋友。"

· "我用脸谱网，是因为在上面能找到很多高中时期的同学。"

这些回复（是我在这个话题所收到的大量反馈中具有代表性的）令我震惊的是，这些都是相当无关紧要的理由。我并不怀疑这个名单中的第一个评论者在使用脸谱网时找到了一些好玩的地方，但我也肯定，此人在注册使用这种服务之前，也不会有缺乏娱乐项目的严重困扰。我还可以进一步打赌，即使这项服务突然关停，这位使用者也将很顺利地避免无聊。脸谱网最多只能算是在已经存在的众多娱乐项目中增加了一项选择而已（可以说它还是一个比较平庸的选择）。

另一个评论者说自己在一个写作论坛结识朋友。我不怀疑这些朋友是真实存在的，但是我们可以断定这些友谊是无足轻重的，因为他们是通过在电脑网络上互发消息建立的。这些无足轻重的友谊并没有什么不好，但是绝对不可能成为使用者社交生活的中心。我们也可以对那位重新与高中朋友取得联系的评论者说：这是一个不错的消遣，但几乎不可能成为他社交生活或者是幸福感的中心。

我并不是试图否认之前所列出的益处——它们不是虚假的，也没有误导性。但是我强调的是，这些益处是次要的，并且有随机性。（相比之下，如果你要求某人为网络或者电子邮件的使用辩护，那么辩论就会更具体。）对于这个结论，你可能会回击说"价值就是价值"：如果你能从使用如脸谱网之类的服务中得到益处（即使很小），那么为什么不使用呢？我把这种思考模式称作"任何益处"思维定式，因为它把任何潜在益处都作为使用网络工具的理由。更具体点讲：

选择网络工具的"任何益处法"，即一旦发现使用一款网络工具有任何潜在益处，或者是不使用就可能错过某些事，你就觉得有足够理由使用这款网络工具。

很显然，该方法的缺点就是忽视了这款网络工具的弊端。这些网络工具具有致瘾性——从那些对实现职业和个人目标有更直接帮助的活动中（比如说深度工作）抢走时间和注意力。如果过度使用这些工具，你将陷入精疲力竭、注意力散乱的网络依赖状态，就是这种状态使巴拉唐德·瑟斯顿和像他一样数以百万计的人们饱受煎熬。这就是任何益处思维定式带来的不容易察觉的危害。使用网络工具也是可以带来害处的。如果你不权衡利弊，一看到可能的益处就决定不加限制地使用某种工具，那么你就可能在不知不觉中失掉了在知识工作世界里取得成功的能力。

客观来讲，这个结论并不令人惊奇。在网络工具的背景下，我们已经习惯了任何益处思维定式，但是如果我们放宽视界，在熟练劳动[1]的维度下思考这种思维定式，我们就会发现这是一种诡异的、目光短浅的工具选择方法论。换言之，一旦抛开包裹着网络的革命性修饰——如第一部分中所总结的那种完全沉醉于这场"革命"或者成为"捣毁机器的卢德分子（Luddite）"的感觉——你将马上发现网络工具并没有那么特别，它们只是工具，无异于铁匠的锤子或者是画家的刷子，只是熟练劳动力用来更好地完成工作的工具（并且偶尔能增添乐趣）。纵观历史，在遇到新的工具并决定是否使用时，熟练劳动力是持暧昧和怀疑态度的。现在对于网络，知识工作者没有理由转变态度——即使当今的熟练劳动包含数字技术工作也不能改变这一现实。

为了帮助大家理解这种更谨慎的工具管理，有必要和那些凭借工具（非数字的）维持生活、凭借与工具的复杂关系而获得成功的人谈谈。幸运的是，我找到了一位由英语专业成功转型到可持续发展农业的瘦高男子，他的名字也相当贴切——佛利斯

1　指同一工种内，具有丰富经验和熟练技术的生产者的劳动。

特·普里查德（Forrest Pritchard）。[1] 佛利斯特·普里查德经营着一家名为史密斯·梅多斯的家庭式农场，在华盛顿特区以西一小时车程处，也是蓝岭山脉山谷中众多农场中的一个。据我了解，普里查德从父母手中接管这片土地后不久，就结束了传统的单一作物种植，尝试了一个当时比较新的概念——草饲肉（Grass-Finished Meat）。这个农场绕过了批发商——你无法在全食超市（Whole Foods）里找到史密斯·梅多斯牛排，而是在华盛顿特区忙乱的农贸市场里直接卖产品给消费者。所有人都看得出来，在并不鼓励小规模生产的行业里，这个农场蒸蒸日上。

我第一次见到普里查德是在马里兰州的塔科马帕克（Takoma Park）的农贸市场。史密斯·梅多斯的摊位生意不错。普里查德比郊区来的大多数客户都高一英尺，穿着褪色的农场主式法兰绒衣服，展现出一副对自己的营生相当自信的手艺人形象。我向他做了一下自我介绍。因为农业是一门需要仔细管理工具的技术活，我想了解非数字领域的手艺人是如何处理这些重要任务的。

我们进入讨论话题之后没有多久，他告诉我："割晒牧草就是一个很好的例子。我不需要解释其背后的经济学原理，简单说说你就能明白。"

---

1 "Forrest"与英文中的森林"forest"同音，"Pritchard"又与果园"orchard"词形相似。——译者注

　　普里查德解释说，他接手史密斯·梅多斯农场时，严冬的几个月里无法放牧养殖，农场会用割来的干草当饲料喂养动物。割晒牧草的工作可以通过一个叫干草压捆机的设备来完成。只需要将这个设备安装在拖拉机后面，开动起来就能把干草压紧，捆绑成一卷。如果你在东海岸饲养动物，很自然地要用这样一台干草压捆机。而当你拥有一大片优质的免费草场时，为什么还要花钱去买饲料呢？如果一个农场主认同知识工作者的"任何益处法"，那么他肯定会去买一台干草压捆机。但是恰如普里查德向我解释的（他先为自己的尖刻表示了歉意），如果一个农场主真的接受了这样一个简单的思维逻辑，"那么可能过不了多久，'出售农场'的牌子就将立在这些土地上"。正如他所在行业的大多数从业者一样，普里查德在评估一样工具的时候，会选用一种更为复杂的思维方法。在应用这种思维方法评估干草压捆机后，普里查德很快就卖掉了干草压捆机。史密斯·梅多斯农场现在使用的所有干草都是购买的。

　　"我们从制作干草的成本开始说起吧。"普里查德说道，"首先，要计算燃料费用、维修费用和存放打包机器的棚子成本。当然，你还必须为此缴纳税费。"这些都是可以直接测算出来的成本，但是，这些只是决策中简单的一部分，还有更需要注意的"机会成本"。正如他所阐述的："如果整个夏天都在晒制干草，那么我就没有时间去干其他事情了。例如，我用了那些时间去晒制干草而不能去饲养汽锅鸡（一种用于做菜的鸡）。养鸡能形成正现金流，因为可以把它们卖掉。而且鸡群还能产粪肥，可以用作土地肥料。"然后关于购买干草，还有一个同样微妙的次要理由。正如普里查德解释的："我花钱去买干草，就等同于用现金去交换动物的蛋白质和肥料（动物会排泄），也就相当于在交易中，我用同样的钱为土地获得了更多的肥料，还可以避免整个夏天有过重的机器轧过我的土地，以致土地太紧实。"

在做关于压捆机的最后决定时，普里查德越过本质上很肤浅的直接货币成本，将注意力更多地放在农场长期健康发展的细节上。因前述理由，普里查德总结出，买入干草可以带来更加健康的农场田地。他还总结称："土壤的肥力是我的底线。"通过这样的结论，就可以知道压捆机必须被淘汰了。

普里查德关于工具的复杂决策凸显了一个重要的事实：仅凭一个工具的某些好处就想让人投入金钱、时间和注意力的想法，在他的行业中几近笑话。当然干草压捆机有其价值——农场工具库里的任何一种工具都有其用途。同时，它当然也有消极作用。普里查德希望这个决定能够细致入微。他的出发点十分清晰，在他所处行业的成功例子里，土壤的健康与否是最基本的考量标准，然后在这个基础上再去决定是否使用某种特定的工具。

我建议，如果你是一名知识工作者，尤其是一个对培养深度工作习惯有兴趣的人，就应该像其他技术工人一样谨慎地选择工具。以下是我对于这种评估策略的总结。我将其称作工具选择的"手艺人方法"，这个名称强调了工具最终还是为了一个人的手艺这一更大目标而存在的。

工具选择的手艺人方法：明确在你的职业和个人生活中决定成功与幸福的核心因素。只有一种工具对这些因素的实际益处大于实际害处时才选择这种工具。

请注意，手艺人方法与任何益处法恰好相对立。任何益处思维定式认为，任何潜在的益处都可以成为使用此工具的借口，手艺人方法要求这些益处能够影响到核心因素，并且益处大于害处。

虽然手艺人方法否定了任何益处法，但并没有忽视使用网络工具的益处，也没有对"好科技"与"坏科技"做出预言：这种方法只是要求你在评价任何一款网络工具时，借鉴熟练劳动史上对其他行业工具评估时的谨慎和细致入微。

下面我会介绍该准则下的 3 个策略，目的是使你更加坚定地抛弃任何益处思维定式并采用更加深思熟虑的手艺人哲学，来选择那些占用你时间和注意力的工具。这个指引十分重要，因为手艺人策略不是呆板的，它能够确认你生命中至关重要的因素，然后评估各种工具对这些因素的影响。无法借助于某种简单的方法，这项工作需要实践与实验。接下来的这些策略会帮助你从多种不同的角度来重新审视你的网络工具，以此提供实践与实验的某些模型。所有这些策略都可以帮助你与工具建立更加成熟的关系，让你重新掌控自己的时间与注意力，实现第二部分中的理念。

在你的网络使用习惯中采用关键少数法则

马尔科姆·格拉德威尔（Malcolm Gladwell）不用推特。在2013 年的一次采访中，他解释了原因："谁说我的粉丝就希望从推特上听我讲话呢？"然后他调侃道："我知道很多人对我的态度是眼不见心不烦。"另一位杰出畅销书作家迈克尔·路易斯（Michael Lewis）也不使用推特，他在《连线》（*The Wire*）中解释道："我不发推文，我不用推特，我甚至不知道怎么浏览或是在哪里可以找到一条推特信息。"正如在第一部分中提到的，获奖的《纽约客》作家乔治·派克也不用这个工具，事实上，他直到最近才承认有必要使用智能手机。

这三位作家并不认为推特是没用的，他们完全同意推特对其他作家而言是有用的。实际上，派克承认不使用推特是为了回应已故《纽约时报》媒体评论人大卫·卡尔（David Carr）的一篇公开支持推特的文章。在这篇文章中，卡尔宣称：

> 到现在，近一年过去了。推特把我的脑子变成一锅粥了吗？没有，我从来没有想过能在一段时间中叙述更多的事情，相比为了寻找灵感而浏览半个小时的网页，我现在在星巴克等咖啡的时间里就可以大概了解今天的新闻以及民众的反应。

然而与此同时，格拉德威尔、路易斯和派克从各自的实际情况出发，认为这种网络工具带来的好处不足以抵消其负面作用，因而不喜欢这项服务。举个例子，路易斯担心网络会消耗自己的精力，从而削弱他进行研究和创作宏大故事的能力，他说："人们的相互联系如此紧密，令人吃惊。生活中，我遇到的很多交流都并不令人受益，而是使人贫乏。"对于派克而言，他担心的是分心，他说："推特是社交媒体成瘾者的毒品。"他进一步评论卡尔对于推特的赞扬是"我所读过的关于未来画面的描述中最令人恐惧的"。

我们不必为这些作家做出不用推特（以及类似工具）的私人决定是否正确而争吵，因为他们作品的销量和赢得的赞誉已经为他们做了最好的辩护。相反，我们可以把这些决定看作是工具选择中，勇气可嘉的手艺人方法的例证。在如此多的知识工作者——尤其是在创意领域——仍然受困于任何益处思维定式的大环境中，能发现一个相对成熟的网络工具选择方法着实令人振奋。但是这些例子如此之少，也从侧面说明了一个事实：成熟自信的评估并不容易获得。回想起佛利斯特·普里查德在选择干草压捆机时不得不艰难探索的思考过程，对于许多知识工作者来说，选择人生中的诸多工具同样复杂。因此，这个策略的目标就是为选择的过程提供一些思维工具——降低选择的复杂程度。

　　该策略的第一步就是明确职业生涯和私人生活中主要的高层次目标。假设你已经建立了家庭，那么你的私人目标可能包括做个好家长，经营好一个有组织的家庭。在职业领域，这些目标的细节取决于你如何谋生。举个例子，我是一名教授，追求着两个重要的目标，一个是致力于成为课堂上有成效的老师和对我的研究生有助益的导师，另一个就是成为一个有所成就的研究员。你的目标可能与此不同，但重要的是要有一个自己的重要目标清单，并且要适当保持目标的高层次。（如果你的目标中包括"销售额突破 100 万"或"一学年发表 6 篇论文"，那么在讨论当下这种策略时，这类目标可能会太过具体。）整理出这样一个清单之后，你就已经为私人生活和职业生涯设下了几个目标。

明确了这些目标之后，再列出为实现每一个目标需要进行的两到三个重要活动。这些活动应该足够具体，保证你能清楚地了解如何执行。另一方面，目标应该比较宏观，确保目标的实现不是取决于某一时间点的结果。例如，"做更好的研究"太宏观了，而"在接下来的会议前及时完成关于广播下限（broadcast lower bounds）的论文"又太具体了（这是某一个时间点的结果）。在此背景下，一项好的活动应该是这样的："定期阅读并理解我所在领域的最前沿成果。"

这一策略的下一步就是思考你当前正在使用的网络工具，对于每一种工具，用你之前确定的重要行动来检查，认真思考使用此工具对你平时顺利地进行该活动是有实质的积极影响、消极影响还是无影响。现在最重要的决断时刻来了：只有你认为一种工具会带来实质的积极影响并且这些积极影响大于消极影响后，才继续使用这种工具。

为了更好地阐释实践中如何使用这一策略，让我们来进行一个案例学习。为了方便学习，我们假设如果要求迈克尔·路易斯使用这一策略，他可能会列出如下目标以及相应的重要活动。

职业目标：

写出精彩的故事，以改变人们理解这个世界的方式。

支持这个目标的主要活动：

·有耐心、深度地进行研究；

·有目的性地认真写作。

现在让我们来想象在此目标下，路易斯将如何使用推特。策略要求他考察推特对于支持他目标的主要活动的影响。没有任何证据能够证明推特可以使路易斯在上述两项活动中受益。我认为路易斯开展的深度研究，要求他数个星期甚至数月跟踪几个线索（他是一位长篇纪实文学的专家，擅长用多篇章报道同一线索的故事），认真写作当然要求不能被会使人分心的事物的打扰。在这两件事情上，使用推特的最好结果是没有实际影响，最坏的是可能有实质性的消极影响。考虑到路易斯容易有网络工具瘾，我们的结论是路易斯不应该使用推特。

你也许会争辩说，这个例子只列了一个目标，这过于武断，忽视了推特这类工具具有积极贡献的一面。尤其是对于作家来说，推特经常可以作为联系他们和读者的工具，并促成作品销量的增长。然而对迈克尔·路易斯这样的作家而言，在评估什么对他的职业生涯重要的时候，市场营销并不能列入有助于实现目标的因素。这是因为他的声誉可以保证，只要作品优秀，就可以在有重要影响力的媒体渠道获得大量的报道。因此，他的关注点在于尽可能写出最好的作品，而不是通过营销来增加销量。换言之，问题不是推特能否给路易斯带来看得见的益处，而是使用推特是否可以显著、积极地影响到他职业生涯中最重要的活动。

如果是一个不那么有名的作家呢？在这种情况下，图书营销可能在他的目标中起到更重要的作用。但是，当明确了支持他目标的两到三个最重要的活动后，这种通过推特发起的一对一浮浅交流可能就上不了一个人列的清单了。这是一个简单的数学问题。设想，一位勤奋的作家每周 5 天，每天发 10 条个性化的推文，每一条推文都是与一位潜在的读者进行一对一交流。现在假设其中 50% 的人变成了忠实的读者，并会买作家的书。在两年的时间里，作家可能写完一本书，这本书增加了 2000 本的销量——这在市面上最多只能算一个平庸的宣传，一本畅销书所需要的每周销量要比这个多出两到三倍。这再一次说明，问题不是推特是否带来了益处，而是它带来的益处是否足够抵消它所消耗的时间和注意力（这两点对一个作家而言尤其重要）。

讨论完职业背景下如何使用手艺人方法的例子，接下来我们再讨论一下可能更加让人迷惑的私人生活目标。我们以当下使用得最广泛和得到最多辩护的工具——脸谱网——为案例来探讨这种方法。

当为脸谱网（或者是其他类似的社交网络）辩护时，大多数人都提到它在社交生活中的重要性。记住这一点，接着我们再用上述策略来了解脸谱网是否可以因为给我们的私人目标带来的益处而通过筛选。我们不妨再假设一个目标和主要的支持活动。

私人目标：

与一群对我来说很重要的朋友维持亲密而又有益的友谊。

支持该目标的主要活动：

1. 经常花时间与重要的人保持有意义的联系（例如，远足、吃饭、公共活动）；

2. 为对我而言重要的人做牺牲（例如，做出不平凡的奉献来改善他们的生活）。

并不是所有人都会有这样明确的目标或进行支持目标的活动，但是希望你能明白这对很多人都有效。现在让我们退一步，将该策略的筛选逻辑用到脸谱网是否可以支持目标上。脸谱网之类的网络工具当然会给你的社交生活带来许多益处。让我们列举一些经常被提及的：它可以使你了解许久不见的某个人的动态，它帮助你和认识但不经常见面的人保持浅度交往，它使你可以更方便地追踪人们生活中的重要事件（例如他们是否结婚，或者他们的新生儿长得怎么样），还有就是它可以帮助你找到自己感兴趣的网络社团或群体。

以上是脸谱网带来的无法辩驳的真实益处，但是这些益处没有一点对我们列出的两个关键活动有显著积极的影响，因为这两个活动都是需要线下进行并且投入大量时间的。因此，策略可能让我们认识到一个明确结论：脸谱网当然会为我们的社交生活带来益处，但是并没有重要到将自己的时间和注意力投入其中的程度[1]。

要说明的是，我并不觉得所有人都应该放弃脸谱网。只是通过这个具体的（也是有代表性的）案例研究，我们的策略可能会建议你放弃使用这个工具。然而可以想象，也有一些案例或许会引出相反的结论。以一名大学一年级新生为例，在此情境中，建立新的友谊可能比维持已有的关系更重要。因此，对于这名学生来说，支持活跃社交生活目标的活动应该包括诸如"参加大量活动，与众多不同的人交往"之类。如果社交是一个关键活动，那么对于在大学校园里的你来说，像脸谱网这样的工具将具有显著的积极影响，应该使用。

再举个例子，比如一位被派到海外的军人，与在国内的亲人朋友保持经常性的浅度交往应该是合理的第一要务，那么社交网络可以为他提供最好的支持。

以上这些例子可以明确一点：如果能够认真执行这种策略，

---

1   正是基于这种分析，我才没有使用脸谱网。我从未注册账号，肯定也错过了很多小的益处，但是这样做在任何层面上都没有影响我保持积极有益的社交生活。

那么许多现在使用脸谱网或推特的人——不会是所有人——将放弃继续使用。话虽如此，你可能还会抱怨只根据几个活动就决定是否使用此类工具过于武断。例如，我们在前文中列出了脸谱网对于社交生活的多种益处，为什么仅仅因为脸谱网无益于我们认定的最重要的几种活动就不使用了呢？要知道，理解这个道理的关键在于了解这种大幅削减主要任务的做法并不是武断的，反而源自一个在多个领域得到反复验证的理念。这些领域从客户盈利率（Client Profitability）到社会公平，再到计算机编程中的崩溃解决方案。

关键少数法则 [1]

在许多情境中，80% 的已知效果源自 20% 的可能原因。

例如，一家公司 80% 的利润可能只来自 20% 的客户，一个国家 80% 的财富可能只掌握在 20% 的国民手中，或者 80% 的电脑程序崩溃可能只因为 20% 已发现的电脑程序漏洞。有一个正式的数学原理能够说明这一现象（80/20 的分布大致符合幂次分布律，这种分布在现实世界进行测量时会经常遇到），也可以来创造性地

1　这种理念有很多种形式和名称，包括 80/20 法则、帕累托法则，也可以将其称作因素系数法则。

提醒大家，在许多情况下，导致一个结果的诸因素并不是地位平等的。

再进一步，假设这一法则对我们生命中的重要目标也是成立的。如上文所述，许多不同的活动都可能有助于我们实现这个目标。关键少数法则提醒我们，最重要的 20% 左右的活动做出了大部分的贡献。假设你可以为生命中的任一个目标列出 10～15 条不同但都有益的活动，关键少数法则会告诉你只有最重要的 2～3 个活动——这也是我们在策略中建议的数量——将决定我们能否实现这些目标。

即使你同意这个结论，可能依然会认为不应该忽视其余也可能有益的 80%。你可能会想，这些不那么重要的活动确实在助力实现目标方面不如最重要的一个或两个活动，但是它们可以提供某些益处，为什么不能把所有的活动混在一起呢？只要你不忽视最重要的活动，那么进行一些没那么重要的活动也显得无伤大雅。

然而，这一观点忽略了一个关键点，那就是所有的活动无论重要与否，都会同等消耗你的时间和注意力。致力于低影响力的活动，就等同于挪用了本可用在高影响力活动上的时间，这是零和博弈。因为投资高影响力活动的时间将带来更多实质的回报，将越多的时间投入低影响力活动，得到的整体益处就会越少。

商业世界理解这个道理。这就是为什么经常可以看到一些公司会"炒"掉给自己带来低利润的顾客。如果公司80%的利润来自20%的顾客，那么公司可以节省花在低利润顾客身上的精力，用于更好地服务少数带来高利润的顾客——花在后者身上每一小时的产出都高于花在前者身上的。这个道理也适用于你的职业和私人生活。把花在低影响力活动上的时间（比如在脸谱网上找老朋友）转投到高影响力的活动上（比如和一位好朋友共进午餐），你就能取得更大成功。因此，放弃使用一款网络工具的逻辑是放弃它能带来的小益处，转而致力于你已经知道的可能带来更大益处的活动。

回到我们的起点，对于马尔科姆·格拉德威尔、迈克尔·路易斯和乔治·派克来说，推特并不是可以助力他们写作事业成功的前20%的活动。即使这项服务可能带来小益处，但是从他们的事业整体来看，如果不使用推特，不把使用推特作为日常的一部分，而把时间投入到更有成效的活动中，他们可能会更成功。你在决定让哪些工具占用自己时间和注意力的时候也应该谨慎。

戒掉社交媒体

赖安·尼科迪莫斯（Ryan Nicodemus）决定简化生活的时候，

首要目标之一是自己的财产。当时，尼科迪莫斯独自一人住在三居室的大公寓里。多年来，受购物冲动的驱使，他竭尽所能地装填了偌大的空间。现在是时候从外物中夺回自己的生命了。他使用的策略简单又粗暴。他用了一个下午把所有的东西都打包进纸盒，就像要搬家一样。为了使这个"艰难任务"变得相对轻松一些，他将这个活动称为"打包派对"。他说："在派对上，一切都很有趣，对吧？"

完成打包后，尼科迪莫斯在接下来的一周内恢复了平常的生活。如果他需要一件已经打包了的东西，他就把它拿出来放回原来的位置。一周后，他发现大部分物件都在箱子里没有动过。

如此，他便扔掉了它们。

在生活中，物件会不断累积。在考虑是否扔掉的时候，人们容易担心"如果有一天会用到怎么办"，然后就把这种担忧变成一个借口，把那件本要扔掉的物件保存下来。尼科迪莫斯的打包派对提供了一个确切的证据：他的大多数物件不是必需的，他简化生活的努力也是正确的。

上一条策略为清理当前占用时间和注意力的网络工具提供了一个系统性方法。这个方法的灵感来自赖安·尼科迪莫斯丢弃无用物件的方法。

详细说来，这种方法要求你对当前使用的社交媒体服务进行一个相当于打包派对式的处理。"打包"是指在 30 天内不使用脸谱网、Instagram、Google+、推特、Snapchat、Vine 这些服务，包括此后新产生的流行网络服务。不要删掉这些服务，并且（注意，这一点很重要）也不要在网上说你将注销账户：就只是停止使用，突然停止。如果有人通过其他渠道联系到你并询问为什么你在某一个平台上的活动频率下降，你可以解释，但是不要主动去告诉别人。

经过 30 天这种自我强制的网络孤立，针对你当前戒掉的每一种服务，问自己以下两个问题：

1. 如果我一直在用这种服务，过去 30 天会过得更好吗？

2. 人们是否关心我有没有在用这种服务？

如果对这两个问题的回答是"否"，那么就永久戒掉这项服务。如果你的答案是很确定的"是"，那么就重新启用这项服务。如果你的答案不太肯定或者模糊不清，那么就自行决定是否重新使用这项服务，其实我鼓励你选择戒掉（你随时可以再加入）。

这个策略集中针对社交媒体，因为在所有占用你时间和注意力的网络工具中，不当使用社交媒体对深度工作的影响是最大的。这些服务在不可预知的时间断断续续地推送一些私人信息——具有很高的致瘾性，因此会严重妨害你按计划行事和专注行动的能力。在这些危险面前，你可能会希望更多的知识工作者能够拒绝这类工具，尤其是诸如计算机编程员和作家等生计明确依靠深度工作结果的人员。但社交媒体阴险的一面是，这些利用我们的注意力谋利的公司成功完成了一项巧妙的市场颠覆：它让我们相信，如果不用它们的产品，就有可能落伍。

对于落伍的这种担心与尼科迪莫斯对于他橱柜里的海量物件将在某一天用上的想法类似，因此我提出了一个类似于打包派对的修正策略。一个月内不使用这些服务，你就可以用事实解除对落伍的担忧。一旦大家努力尝试摆脱围绕着这些工具的市场营销信息，大多数人都可以通过这个事实确定一个本来很明显的道理：这些工具对你的生活来说没那么重要。

我请你不要宣布自己的 30 天实验的原因是，对于其他人来说，他们被另一个误解绑在了社交媒体上，那就是误以为大家想听自己发声，如果听不到你的评论将会失望。我的用词可能过于夸张，但是我所表达的观点确实是普遍存在、亟待解决的。举例来说，在写作此书时，每个推特用户的听众数量平均为 208 个。当你知道有超过 200 人自愿听你说话的时候，你就很容易相信自己在这些服务上的活动是重要的。作为一个靠向你们销售我的观点而生存的人，我的经验之谈是：这是一种致瘾性非常强的感觉！

但这就是社交媒体时代关于听众的现实。在这些服务存在以前，组建一群由你的亲密朋友和家属之外的人员组成的听众需要通过艰难竞争才能实现。举例来说，在 21 世纪初，每一个人都可以建博客，但即使只为了保持每个月都能有几个独立访客，你的作品也要有价值，有能够吸引他人注意力的信息。我非常理解个中困难。我的第一个博客在 2003 年的秋天注册，名字起得十分聪明，叫"令人鼓舞的绰号"。作为一个 21 岁的大学生，我用博客来思考生活。我很不好意思地承认，有很长一段时间没有一个人来读我的博客（不夸张地说）。接下来的这十多年，我坚持不懈地为现在的博客"学习黑客"营建读者群，从一个月十来个到成百上千个。在这十多年里我明白了在网络上吸引人们的注意力是一件很难、很难的工作。

现在却不是了。

我认为社交媒体大行其道的一个原因就是，它打破了努力创作有实际价值的作品和吸引到人们注意力之间的正相关关系。相反，它用浅薄的集体主义式交换取代了永恒的资本主义交换：如果你注意我说了什么，我就会注意你说了什么，不管这话语有无价值。比如，一个内容全是脸谱网或者推特风格的博客、杂志或者电视节目，通常是不会有观众的。但是在这些服务的社交惯例中，相同的内容却会吸引到注意力，即点赞或评论。驱动这些行为的潜规则就是，作为回报，你可以得到朋友或听众的注意力（大部分是不应得到的），你也将慷慨地把自己的注意力给他们

（也是不应得到的）。你"点赞"我更新的状态，我也会"点赞"你的。这种协议给每个人带来一种不需要努力就能获得重要性的假象。

作为一名内容创作者，悄悄地放弃使用这些服务可以帮助你检测自己真实的地位。对于大多数服务里的人来说，结果令人警醒——除你的亲朋好友外，甚至可能没有人会意识到你没有登录。虽然这些话有些刻薄，但我还是要说，因为这种刷存在感的做法是使人们草率地将时间和精力碎片化的重要原因。

当然，对于某些人来说，30 天的实验并不容易，还会带来许多问题。比如，如果你是在校大学生或者是网络红人，那么你的消失将使生活陷入麻烦，会被人察觉。但是我猜对于大多数人来说，这个实验的最后结果，即使不能使你全面戒除网络瘾，也可以给你带来一个关于日常生活中社交媒体所发挥作用的更可靠认识。这些服务并不见得如广告中说的那样，是当代互联世界的血液，它们只是产品，由一些私人公司开发，投资巨大，营销精心，最终的设计目的是虏获你的个人信息和注意力，并将其卖给广告商。它们可能会有趣，但是在你生命规划和期望实现的目标中，它们是无足轻重的无聊事，是在你完成一些更有深度的工作时分散你注意力的东西。也有可能，社交媒体工具是你生命的核心。只有你尝试了没有它们的生活，才会知道自己属于哪一类人。

不要用网络来消遣

阿诺德·本内特（Arnold Bennett）是一位出生在 19 世纪和 20 世纪之交的英格兰作家。在那个时代，他祖国的经济正在腾飞。工业革命此时已经轰轰烈烈地开展了几十年，已经从帝国的资源中折腾出了足够的剩余资本打造一个新的阶层：白领工人。现在你可以在办公室有一份工作，一周只工作一定的小时数就能得到足够的薪水来支撑一个家庭。这种生活方式在我们当前的年代十分普遍，但是对于本内特和他同时代的人来说却十分新奇，并且在许多方面令人困扰。本内特关注的主要一点就是这个新阶层忽略了随之而来的活出充实生活的机会。

"我们拿一个在办公室工作的伦敦人举例，他的办公时间是 10 点到 18 点，他每天早晚各要用 50 分钟往返于住宅和办公室之间。"本内特在 1910 年出版的经典作品《悠游度过一天的 24 小时》（*How to Live on 24 Hours a Day*）中写道。这个假想的伦敦职员，每天在工作之外有多于 16 个小时的时间。对本内特来说，这是很长的时间，但是大多数处在此情境中的人很可悲，不会意识其中潜在的可能性。"我描述的这个典型人物所犯的最大、最影响深远的错误是，"他阐述道，"尽管不太喜欢自己一天的生活（需要'熬过'），但他仍然把 10 点到 18 点这段时间看成是

'一天'，此前的 10 个小时和之后的 6 个小时只是前奏和尾声。"本内特严厉地批评这种态度"完全不合逻辑、不健康"。

这种情境下有什么其他选择？本内特建议，应该把这 16 个小时看成是"一天中的一天"。他解释说："在这 16 个小时中，他是自由的；他不是工薪族，没有赚钱的顾虑；他就如一个有私人收入的人。"因此，这个典型人物应该如一个贵族一样使用自己的时间。按照本内特的想法，大部分时间要用于阅读名著和诗歌。

本内特在一个多世纪前提出了这些问题。你可能认为在此期间，全世界范围内的白领阶层迅速壮大，我们关于娱乐时间的观念或许已经演化了，但其实并没有。随着网络的崛起和随之而来的低级趣味的眼球经济，平均一周工作 40 小时的雇员——尤其是那些通晓科技的千禧年一代人——在娱乐时间仍然是堕落的，主要是胡乱点击一些普遍没有价值的数字娱乐信息。如果本内特活过来，他可能会因为人类在这一方面毫无进步而绝望。

需要澄清的是，我并不关心本内特建议背后的道德基础。他通过读诗和名著来提高中产阶级心智的愿望有点过时，也带有一定的阶级歧视。但是他这个建议背后的逻辑——你应该主动利用自己工作外的时间和精力——直到今天也不过时，尤其是对于本准则背后的目标而言。这个目标就是减少网络工具对你深度工作能力的干扰。

　　详细说来，在本准则下讨论的策略中，我们尚未花多少时间来讨论一系列与追求深度的努力相关的网络工具：希望能够尽可能多地吸引你的时间和注意力的娱乐类网站。截至写作本书的时候，这类网站最流行的代表包括 the Huffington Post, BuzzFeed, Business Insider 和 Reddit。这个名单肯定会不断变化，但是此类网站会有一些共同点：使用精心雕琢的标题和容易理解的内容，辅以数学算法的打磨，最大限度地吸引眼球。

　　一旦你阅读了其中某一网站的一篇文章，页面旁边或底部的链接会吸引你接着点击，持续点击。它们使用了人类心理学中任何一个可使用的把戏，从把标题列为"流行"或"趋势"到使用醒目的图片，目的就是吸引住你。比如，就在此时此刻，BuzzFeed 上最受欢迎的文章包括《17 个倒过来拼写意思就会完全不同的单词》和《33 只赢得一切的狗》。

　　一周的工作结束时，如果你有些空闲时间，这些文章就成为你主要的娱乐，在这种情况下，这些网站尤其有害。当你在排队，等待电视节目中的情节有所进展，或者等待吃饭的时候，这些文章可以成为你打发时间的工具。然而，如我在准则 2 中所说，这些行为是有害的，因为它们损害你抵抗会使人分心的事物的能力，使你在试图深度工作的时候更难集中注意力。更可怕的是，这些网络工具不需要你登录，因此在生活中更难戒掉（这使得之前的两个策略失效）。它们总是唾手可得，只需要随手点几下。

幸运的是，阿诺德·本内特在100多年前就发现了解决之道：在你的娱乐时间做更多的思考。换言之，这个策略就是指在个人娱乐的时候，不要被任一随意的事物吸引，相反，应该主动思考我如何度过"一天中的一天"。我们之前提到的这些致瘾性网站在真空中才能活跃：如果你没有在某个特定时段给自己安排任务，这些网站总是一种有诱惑力的选择。如果你在自由时间有高质量的事情去做，这些网站对你的注意力的控制就会减弱。

因此，在晚上或周末到来之前就确定要做的事情是十分重要的。一些安排好的爱好为这些时间提供了充足的养料。为了特定的目标完成特定的活动，这将填满你的时间。根据本内特所言，每个晚上都有序地阅读自己挑选好的一系列书，也是一个很好的选择。同样的活动还有锻炼，与益友（面对面）交往。

以我自己为例，作为一名教授、作家和父亲，我在一个学年里会阅读海量的书籍（平均说来，我会同时阅读3~5本书）。哄孩子睡下之后，预先计划好的活动中，我个人最喜欢的就是阅读了，所以海量阅读是行得通的。因此，在工作日白天结束到第二天早上，我的智能手机还有电脑，包括它们提供的令人分心的服务，通常是被忽视的。

说到这里，你可能会担心消遣做得这么有条理会有损消遣的目的，因为许多人相信消遣就是要没有任何计划，没有责任。安排得一板一眼的晚上是否会让你在第二天工作的时候感到困乏，无法焕然一新？感谢本内特，他已经预料到了这样的担忧。他解释这种担忧源自对真正令人类恢复精力的事物的误解：

> 什么？你认为在那 16 个小时投入全部的精力会削弱工作 8 小时的价值？不是的。恰恰相反，它必定会增加工作 8 小时的价值。人们都要懂得一个重要的道理，人的智力系统可以进行长时间的高强度活动：它不像人的手脚一样会疲倦。除睡觉以外，它只需要变化，而不是停止。

按照我的经验，这个分析完全正确。如果在你全部的清醒时间，都能给自己的大脑找到有意义的事情去做，而不是放任自己在迷糊的状态下漫无目的地浏览几个小时的网页，那么在一天结束时，你会觉得更加充实，第二天开始时也更加轻松。

总结一下，如果你想抵御娱乐网站对你时间和精力的诱惑，那么就给大脑找一些高质量的替代活动。这样不仅可以使我们避免分心，保持专注，同时还有可能实现本内特的宏伟目标：体验到何为生活，而不仅仅是生存。

准则 4

摒弃浮浅

2007 年夏天，软件公司 37signals（现在叫 Basecamp）做了一个实验：将每周 5 天工作制缩短成 4 天。尽管工作日少了一天，但是员工似乎仍然可以完成相同的工作量，于是他们的这项改革变成了永久政策：每年 5—10 月，37signals 的员工只需要从周一工作到周四（售后服务除外，他们一周 7 天都要工作）。公司发起人之一贾森·弗里德（Jason Fried）在博文里风趣地说道："在夏季，人们应该享受美好的天气。"

没多久，企业界人士就对此表示了不满。在弗里德宣布他的公司固定每周 4 天工作制的几个月后，记者塔拉·维斯（Tara Weiss）在《福布斯》杂志发表了一篇名为《为什么每周 4 天工作制不行》的评论文章。她如下说明了自己的疑问：

在 4 天内完成 40 小时的工作量并不见得是一种有效的工作方法。许多人觉得 8 个小时已经够煎熬了，让他们多工作两个小时可能导致士气和生产效率下降。

弗里德迅速回应。在一篇名为《〈福布斯〉忽视了每周 4 天工作制的意义》的博文中，他首先对维斯的假设表示了赞同，4 天完成 40 小时的工作对于员工来说是十分有压力的。但是他解释道，这不是他所建议的工作方式。"一周 4 天工作制的意义在于做更少的工作。"他写道，"不是一天 10 小时的工作……是正常的一天 8 小时。"

一开始这可能令人疑惑。弗里德早先说过，他的员工在 4 天的时间里完成的工作量与 5 天的一样多。然而现在他却说员工工作的时间减少了。这两件事怎么可能同时为真呢？原来差别在于浮浅工作。弗里德说：

很少有人能做到一天工作 8 个小时。在充斥着各种会议、干扰、网页浏览、办公室政治和私人事务的一个普通工作日里，能够专心工作几个小时就已经很幸运了。

更少的正式工作时间有助于得到更高的效率。如果每个人都只有更少的时间完成任务，他们就会更加尊重

时间。人变得珍惜时间，这是一件很好的事情。他们不

会把时间花在无关紧要的事情上。如果拥有的时间变少，

你就会更聪明地利用时间。

换句话说，37signals 工作时间的减少主要是集中在浮浅工作

而不是深度工作上。因为深度工作几乎没有减少，所以重要的事

情仍能完成。结果证明，那些原来看似十分紧急的浮浅工作其实

是无关紧要的。

对该实验的一个很自然的反应就是询问如果 37signals 的实验

更进一步将会发生什么。如果削减浮浅工作的时间对于工作成果

几乎没有影响，那么如果用余下的时间进行深度工作又会怎么样

呢？所幸，这家公司不久之后就将这个更大胆的疑问付诸实践。

谷歌允许员工拿出 20% 的时间用于自己主导的项目，弗里

德一直对这个政策很感兴趣。尽管他喜欢这个主意，但是他感觉

从每一个忙碌的一周中都抽出一天，不利于产生真正带来突破的

连续深度工作。"对于从 5 周中拿出 5 天，我更倾向于集中拿出 5

天，"他解释道，"我们的理论是，人们通过长时间不被打断的工

作，可以创造更好的成果。"

为了测试这个理论，37signals 执行了一些激进的措施：整个 6

月，公司让员工在自己的项目上深度工作。这一个月可以免去所

有浮浅的工作责任——没有进度审查会，没有备忘录，公司组织了一个"路演日"，员工可以展示他们正在研究的想法。在 *Inc.* 杂志文章中，弗里德总结了这个实验，并称实验是成功的。路演日产生了两个迅速投入生产的项目：一个是能更好处理售后服务的工具套装，另一个是一套可以帮助公司更好掌握客户如何使用本公司产品的数据可视化系统。这些项目将为公司带来可观的利润，但是如果没有提供给员工那些不受打扰的深度工作时间，这些项目极有可能不会出现。梳理出它们潜在的可能性需要几十个小时的不懈努力。

"我们公司怎么能把业务暂停一个月去'捣鼓'新主意呢？"弗里德调整了一下修辞，"我们怎么能不这么做呢？"

37signals 的实验说明了一个很重要的现实：越来越多地占用知识工作者时间和注意力的浮浅工作往往不似原本看来那么重要。对于大多数公务来说，如果你减少大量此类浮浅的工作，公务的底线目标也不会受影响。正如贾森·弗里德所发现的，如果你不仅仅终止浮浅工作，并且把从中夺回的时间投入到更多的深度工作中，你的事业不仅能正常开展，而且会取得更大的成功。

该准则要求你把这些见解运用到个人的工作中。以下的策略旨在帮助你客观地认识当前个人日程中的浮浅内容，然后将其降到最低程度，以节省更多的时间用于极端重要的工作。

在讨论这些策略的细节之前，我们应该先意识到这样一个现实：这种反对浮浅的思维是有其局限的。虽然深度工作的价值远远超过了浮浅工作，但这并不意味着你必须像堂吉诃德一样试图把你所有的时间都投入到深度工作中。其中一个方面是，一定量的浮浅工作在大多数知识工作中是必要的。你可以避免每10分钟检查一次自己的电子邮件，但是不可能永远不回复重要的信息。从这个意义上讲，我们应该明白该准则的目标是减少浮浅工作在我们日程中的分量，而不是将其消除。

然后还有一个就是认知能力的问题。深度工作十分耗神，会将一个人推向能力的极限。行为心理学家曾深入研究过，在给定的一天时间内，一个人可以保持多长时间的深度工作。[1] 安德斯·艾利克森及他的同事在关于主动实践的重要论文中就此进行了说明。他们发现对于此类实践的新手（引用了一个刚开始培养专业技能的孩子的例子），一天一小时是一个合理的上限。对于熟悉此类活动严酷性的人来说，上限可以达到4个小时，但是很少能持续更久。

1　我引述的这个例子在尝试刻意练习这项技能——刻意练习与我们对深度工作的定义有很多（虽然不完全）的重叠。在此，为了更好地阐释，可以将刻意练习作为高认知要求任务的典型行为来看，而深度工作也恰属于同一类型的任务。

这意味着一旦你在一天中达到了深度工作的上限后，继续试图增加深度工作，效果就会下降。因此，浮浅工作并不可怕，只有其占比增加太多，影响到你当天的深度工作上限时才需要注意。乍一看，这个警示或许没有那么可怕。通常一个工作日 8 个小时，这 8 小时内，没有一个熟练的深度工作者可以保持超过 4 个小时的深度状态。这样的结果就是一天中你可以有半天做浮浅工作，而且不会有害处。可是你可能没有意识到这些时间其实很容易被占用，尤其是要考虑那些会议、预约、电话和其他计划内的事务。在很多工作中，这些时间终结者将导致你每天只有很少的时间可以单独工作。

以我个人为例，我是一名教授，按惯例这份工作应该很少受这些任务的搅扰，但即使是教授这样的职务，此类任务也经常占去我大块的时间，尤其是在学期内。在我的日程表上随便一个学期的某一天（写到此时，正值宁静的夏日），我看到从 11 点到 12 点、从 1 点到 2 点半，我参加了两个会议，从 3 点到 5 点教了一节课。在这个例子中，我一天的 8 小时只剩下 4 个小时。即使我把所有其他的浮浅工作（电子邮件、任务）压缩在半小时完成，也不能达到一天 4 个小时深度工作的目标。换言之，虽然我们不能一整天都做令人喜悦的深度工作，但减少浮浅工作的任务还是十分紧迫的，尤其是要考虑到通常知识工作者的一天更容易受干扰而变得支离破碎。

总而言之，希望你能用怀疑的眼光对待浮浅工作，因为其害处经常被低估，而作用却经常被高估。这种工作不可避免，但是你必须对其加以限制，使其不影响你充分深度工作的能力，因为深度工作决定着你的最终工作成效。接下来的策略将助力你的实践活动。

一天的每一分钟都要做好计划

如果你现在年纪在 25 到 34 岁之间，居住在大不列颠，那很可能会不知不觉花很多时间看电视。2013 年，英国电视证照管理局调查了电视观众的习惯。25～34 岁的受访者估测一周大约有 15～16 小时用于看电视。这个数字听起来已经够多了，但实际上是被严重低估了。这样说是因为在电视观看习惯上，我们可以拿到最真实的资料。广播公司观众调查委员会（相当于美国的尼尔森市场调查公司）在一个有代表性的家庭样本中安装了计量装置。这些计量装置客观地记录下人们观看电视的时间到底有多长。25～34 岁的人群实际观看电视的时间一周多于 28 小时，而不是 15 小时。

这种错误统计并不单单存在于英国的电视观众中。每个群体在计算自己进行不同行为的时间时，会存在相同的谬误。在一篇刊登于《华尔街日报》的同主题文章中，商业作家劳拉·范德卡姆（Laura Vanderkam）介绍了更多的此类案例。根据国家睡眠基金会的调查，美国人自行估计平均每晚睡眠时间为 7 个小时。而调查组织的调研显示，每人的实际平均睡眠时间应该为 8.6 小时。另一项调查发现，那些宣称自己平均一周工作 60～64 小时的人，实际上每周大约只工作了 44 小时；那些宣称自己一周工作 75 个小时的人，实际上只工作了不到 55 个小时。

　　这些例子都表明了一点：我们一天中的大多数时间是在浑浑噩噩中度过的，对于应该如何安排时间并没有考虑太多。这是一个问题。如果不果断地调整深度工作与浮浅工作的关系，不在行动前暂停一下，问问自己"现在去做什么是最有意义的"，你将很难避免被烦琐杂事占满日程。接下来将会介绍一些帮助你这样做的策略。乍一看可能会显得极端，但是很快你就会发现，要充分享用深度工作的好处，需要一天中的每一分钟都做好计划。

　　我建议为本策略专门准备一个笔记本[1]，在每个工作日开始的时候翻开新的一页。在页面的左侧，每隔一行写下这一天的每一

1　关于这一日程安排方法的详细描述，可参见与本书配套的《深度工作实操手册》。

个小时，包括普通工作日的全部时间。接下来是最重要的一个环节：将工作日的每一天画成方格，把活动放在这些方格中。例如，你可以把上午 9～11 点安排成为客户写新闻宣传稿的时段。你只需要围着相应的那几行画一个框，框住那几个小时，然后在框内写"新闻宣传稿"。并不是每一个方格都要安排活动。你也可以安排一些午饭或者是休息的方格。简便起见，每一个方格的最短时长为半小时（也就是页面上的一行）。举个例子，这就意味着你并不需要为一天的每一个小活动（比如回老板的电子邮件、提交退款单、问卡尔报告的情况）安排版面，你可以把这些活动按批次放在一个更通用的任务方格里。针对这种情况，你可以从任务方格引出一条线，引到页面的右手边，在右手边你可以有充足的空间列出需要完成的每一个小任务。

完成一天的工作计划之后，每一分钟都应该在某个方格里有所体现。实际上，你已经为这一天的每一分钟安排了时间。此时，请你使用这个工作计划来引导一天的工作。

可以预见的是，大部分人从这一步开始就遇到了麻烦。随着一天工作的展开，关于该工作计划，有两个方面容易（并且也极为可能）出岔子。第一，你的计划可能不符合实际。例如你为写新闻稿预留了两小时，但是实际上你花掉了两个半小时。第二，你可能会被打断，新的工作任务会出现在你的日程里。这些事情也会打乱你的日程。

这些都没有问题。如果你的日程被打断，在紧接下来的空闲时间，就应该花几分钟修改一天余下时间的计划。你可以翻到新的一页，也可以擦掉原有的重新编写，还可以像我一样：划掉原有的方格，在右边为今天剩余的时间画出新的方格（我画的格子很窄，所以有足够的空间修改几次）。有些日子里，你可能一天要修改十多次计划。如果出现了这种情况，不要气馁。你的目标并不是竭尽全力维持既定的计划，而是在时间的推进中掌握工作的主动权，即使是在一天中，我们的决定也会一变再变。

如果你觉得计划改变的频率高得难以接受，这里有一些可以增加稳定性的诀窍。首先，你应该承认，你对大多数事情所需要的时间是预计不足的。刚开始尝试这个习惯时，很可能会一厢情愿地制订计划——完美一天的样板。经过一段时间的练习，你应该尝试准确地（甚至有些保守地）预估完成任务所需要的时间。

第二个诀窍就是使用备用方格。如果你不确定一个既定任务需要多长时间，先初步预估需要的时间，然后在下面再多安排一个方格，这个方格可以有多重作用。如果这个既定任务需要更多时间才能完成，那么就占用下边这个备用方格。但是如果你在预定的时间内完成了任务，那么就把备用的方格安排做其他的活动

（比如说一些非紧急事务）。这样就可以保证在不改变日程的情况下，容许不可预知的事情发生。我们回顾一下前文用过的写新闻宣传稿的例子，你可能安排两个小时来写这个稿子，然后预留接下来的一个小时继续写，但是如果不需要额外时间，就可以去查自己的电子邮箱。

我建议的第三个诀窍就是灵活使用这些任务方格。方格安排多一些，上午的方格安排的时间要比预计的多一些。在典型的知识工作者的一天中，很多事情会发生，预留出时间方格来处理意外事件，会让一切更顺利。

在你实践这个策略之前，我应该在此先回应一个常见的反对意见。据我在推广这个日常计划中得到的经验，很多人会担心这种规划的要求可能十分严格，会带来麻烦。下面是我摘录的一位名叫约瑟夫的读者对我发表的同主题博文的评论：

> 我认为您低估了不确定性的作用……我（担心）读者使用这些观察结果时会过于严肃，以至于过度依赖（导致不好的结果）。一个人制订日程计划的习惯可能会夸大计时的重要性，而忽视了沉浸于工作的重要性，而沉浸于工作才是最重要的。

我理解这种担忧，并且约瑟夫也不是第一个提出这种观点的人。然而幸运的是，这个问题可以轻松解决。在我的日常安排原则里，除了经常会为探索性思考和探讨预留大块的时间格，还时刻保持着一项准则，即一旦灵光乍现，有了突破性的洞见，一天的其他日程安排就都可以暂时抛到一边（当然，实在抛不到一边也没有办法）。之后我会坚持探究这种新的洞见，直到理清其中的头绪。这之后我会抽身出来，重新安排一天余下的时间。

换言之，我不仅允许日程中有突发性改变，甚至会主动寻求这种改变。约瑟夫的批评是源于他对日程表的误解，他认为日程表就是强迫一个人严格按计划行事。然而我所说的日程计划的核心目的不是限制，而是强调谋划周到。在一天里时常拿出一点时间来询问自己"在今天剩下的时间里，我做什么最有道理"，是一个很简单的习惯。这是一个让你思考如何产出最大化的习惯，而不是让你不折不挠地坚持自己的答案。

我甚至要说，一个同时具有综合计划能力和修正自己计划意愿的人，相比那些采用传统"自发性"方法、一天没有任何计划的人，将享有更多的创造性洞见。没有计划，你的时间很可能被浮浅事务占用——收发电子邮件、使用社交媒体、浏览网页。这些浮浅事务虽然在短时间内会令人愉悦，但是并不会有助于培养创造力。借助计划，你可以确保经常性地安排时间来处理新主意，或者在有挑战性的领域进行深度工作，或者在一个固定时间内进行头脑风暴——这些活动更容易带来创新（例如，在准则1中，很多著名的创意思考者所遵循的一些习惯）。当创新性想法出现时，你愿意放弃原本的日程安排，所以在灵感涌现的时候，你也可以像那些纷扰中搞创新的人一样跟进。

总而言之，该策略的目的在于帮助你认识到，深度工作要求你尊重自己的时间。要做到真正尊重时间，下面这一条建议是个很不错的开端：提前决定你一天的每一分钟要做什么工作。因为一个人的日程都是由内在驱动和外在要求这两股力量决定的，所以开始的时候你对这个主意有所抵触也是自然的。但是如果你想发掘自己的潜力，成为一个有所成就的人，那就必须打消这种疑虑。

定量分析每一项活动的深度

预先计划一天的工作，好处在于可以判定有多少时间用在浮浅活动上。但是在实践中，要在日程计划中贯彻这一策略却有点棘手，因为一个既定任务是否浮浅是难以判定的。为了应对这个挑战，让我们重新回想一下在前言中提及的浮浅工作的定义：

浮浅工作：对认知要求不高的事务性任务，往往在受到干扰的情况下开展。此类工作通常不会为世界创造太多新价值，且容易复制。

有些活动十分符合这个定义。例如查收电子邮件、安排一个电话会议，从本质上讲显然是浮浅的，但是要判定某些活动是否浮浅就不那么容易了，请考虑以下工作：

例 1　和搭档合作编辑将于近期提交某杂志的学术文章草稿

例 2　制作一个关于本季度销售量的 PPT

例 3　参加一个讨论某重要工程进度的会议，并就下一步方案达成一致

刚开始的时候，这些例子之间的类别区分并不明显。前面两个例子中的任务看起来也很难。最后一个例子看起来对于推动一个重要的工程项目十分重要。这个策略的目的就是帮助你准确计量此类不确定性——为你提供一个明确而且稳定的计量表，以衡量一项给定任务的深浅度。如使用这个策略，你需要先问自己一个简单（但是很有启发性的）问题来评估这些任务：

要让一个刚毕业、还没有在该领域接受特别训练的

大学生完成这项工作需要多久（几个月）？

为了阐述这种方法，我们将这个问题应用于上述几个模糊的问题上。

分析例 1：要恰当地编写一份学术文章，你需要理解此工作的细微之处（这样你可以确定对文章的描述是准确的）和更广范围内的该领域著作（这样你可以确保文章能得到恰当引用）。这就需要某一学术领域的前沿知识，而在社会高度分工的今天，这项工作需要研究生甚至更高学历的人经过数年的辛勤研究才能完成。关于这个例子，我们得出的答案可能比较长，大约在50～75 月。

分析例 2：对第二个例子的分析就没有那么容易了。要制作 PPT 来描述季度的销售量通常需要做三件事：第一是如何做 PPT 的知识，第二是对于本公司此类季度简报标准格式的掌握，第三是理解公司跟踪何种销售数据和如何将这些数据转换成正确的图表。我们假设这位大学毕业生已经掌握了制作 PPT 的技能，在此基础上学习公司简报的标准格式所需的时间应该不会超过一周。因此，真正的挑战在于一名聪明的大学毕业生需要多久才能理解你所跟踪的数据，在哪里找到结果，如何整理并把这些数据转换成适合幻灯片展示的图表。这不是一项简单的工作，但对于一名聪明的大学生来说，一个月的训练就足够了。所以我们保守估计例 2 所需的时间是 2 个月。

分析例 3：会议没有那么容易分析。有时候可能显得冗长，但通常又在公司的重要活动中发挥关键作用。我们的方法可以拨开这层迷雾。要训练一名聪明的大学毕业生取代你的位置来参加一次会议需要多长时间？这要求他或她很好地理解这个项目，了解项目的进度计划和与会者的能力。我们假想的这位毕业生可能也需要了解一下公司里的人际关系和如何实施这些项目的实际情况。从这一点来说，你可能也会考虑，这名大学毕业生是否需要了解一些项目涉及的高深专业技术。对于筹备一次会议而言，应该不需要。此类会议很少深入研究实质内容，通常以小规模讨论为主，与会者毫无积极参与的意愿，只会故作姿态。让一个刚毕业的聪明大学生学 3 个月，取代你去参加这些冗长的会议肯定没有问题。所以我们的答案就定为 3 个月。

这个问题只是用来做思维实验（我并不会让你真的雇一名刚毕业的大学生去处理那些工作）。但这些问题的结果可以帮助你客观地为各种工作的深浅度打分。如果在我们的假设中，大学生需要花很多个月来完成一项工作，那么说明此项工作需要大量过硬的专业技能。正如前文所述，需要大量专业技能的工作极有可能是深度工作，因此可以提供双重的好处：可以在单位时间内提供更多的价值回报；可以锻炼你的能力，提升自我。另一方面，那些大学生能够很快上手的工作不会提高你的专业技能，因此可以理解为浮浅工作。

如何利用这个策略呢？一旦明确了活动的深浅度计量表，你就把时间倾注于深度工作。在上面的 3 个案例中，你可以将第一个任务列为利用时间的最佳工作而优先考虑，而第二个和第三个任务则属于应减少时间投入的活动——你可能认为这两项工作有意义，但其实际回报是极少的。

现在我们知道了怎样准确地对工作进行分类，却还不明确该怎么快速处理浮浅工作从而投身于深度工作。这就引出了下面这些策略，它们可以具体引导我们完成艰难的工作。

向老板申请浮浅工作预算

有一个很重要的问题很少被问及：你的时间应该有几成投入浮浅工作？建议你问一下这个问题。如果你有老板的话，应该和他谈谈这个问题（或许你应该先向他们介绍"深度工作"和"浮浅工作"的定义）。如果你是自己当老板，就问问自己这个问题。两种情况下，都力争得到一个答案。然后，试着将浮浅工作控制在预算范围内——这是重要的一环。

对于大多数非入门级知识工作岗位上的大部分人来说，这个答案通常在 30% 到 50% 之间（由于人类对于花大部分时间做简单工作有一种天然的厌恶，所以 50% 是一个天然上限。同时，如果这个时间降到 30% 以下，那么大多数老板可能会担心你变成知识工作的隐士，花大部分时间进行宏观思考却不回复邮件）。

想要将浮浅工作控制在这个预算范围内，可能需要你改变自己的行为。你很有可能会被迫对那些看起来全是浮浅工作的项目说不，并更积极主动地减少当前项目中的浮浅工作量。这个预算范围可能会指引你抛弃每周一次的情况通报会，而选择结果导向的汇报（"等有重大进展再通知我，那时我们再谈"）。这个预算范围也可能会指引你在更多的早晨选择屏蔽通信，不会认为及时、详细地回复每一封抄送到你邮箱的电子邮件有多么重要。

这些都是深度工作带来的积极改变。一方面，这并非让你放弃主要的浮浅工作任务，因为你现在仍然要在此类工作上用去很多时间，放弃浮浅工作将会带来麻烦和怨恨。另一方面，这种改变也会迫使你对那些没那么紧要的任务设定严格的上限，防止它们偷偷侵入到你的日程计划里。有了这种限制，你就能有足够的连续时间做深度工作的努力。

之所以在做这些决定前需要同老板谈谈，是因为这样做需要办公环境的配合。如果你是为别人工作，当你拒绝了某项任务或为了减少浮浅工作量而重新安排某项项目工作时，这个策略可以帮助你找到掩护。你可以说这么做是为了实现计划的工作安排，以此为自己的行为辩护。正如我在第二章中所说的，我们允许浮浅工作大量存在的原因中有一项是没有意识到这些工作给日程计划带来的整体影响。我们往往会局限于当时当地，一件一件地分析这些行为——从这种视角看，每一项任务似乎都很合情合理。然而，本书之前提供的工具可以使你明确此类任务的影响。现在你可以自信地对老板说"这正是我上周在浮浅工作上的时间占比"，然后迫使他明确同意你给出的比例。在数据及其说明的经济现实面前（比如说，让一位受过高等教育的专业人士回复电子邮件、一周参加 30 个小时的会议，是不可思议的浪费），老板自然会得出这样的结论：你需要拒绝一些事情，简化一些事情，即使这会使得他或你的同事的生活舒适度降低。因为一项生意的最终目的还是产出价值，而不是确保员工的生活尽可能简单。

　　如果你自己做老板，这项练习将使你正视现实：你"繁忙"的日程中只有很少一部分时间是真正产出价值的。这些残酷的数据将激发你的信心，减少那些偷走时间的浮浅活动。没有这些数据，一位企业家将很难拒绝任何可能产生某种积极回报的机会。"我要上推特！""我要保持在脸谱网上的活跃度！""我得优化博客上的小工具栏！"因为独处的时候，拒绝这些活动可能会显得你很懒。通过学习并坚持这种深浅度的分配比例，你可以摆脱因羞耻感而带来的无条件接受，转而坚持更健康的习惯，把本来留给浮浅工作的时间节省下来以发挥其最大效用（这样你仍然面临很多机遇），把浮浅工作占用的时间和精力限制得足够小，从而保证你的深度工作推动事业进步。

当然，你问老板这些问题之后得到的答案可能会是刻板的。没有老板会明确说："你百分百的时间都应该是浮浅的！"（除非是你刚入行，需要付出足够努力才可能有足够的技能来履行正式的工作职责）但是老板可能会直截了当地说："你应当马上做任何我们需要你做的浮浅工作。"这样的回答也是有用的，可以使你明白这份工作并不需要深度工作。一份不需要深度工作的工作不可能使你在当前的知识经济时代取得成功。在这种情况下，你应该感谢老板的反馈，然后迅速谋划如何转到一个重视深度工作的新岗位。

下午 5 点半之前结束工作

在我写下这段话前的 7 天，我进行了 65 封电子邮件对话。在这 65 组对话中，在下午 5 点半后发送的只有 5 封。上例中的这些数据说明了一个事实：除极少个例外，我不在 5 点半后发电子邮件。总体来说，电子邮件和我们的工作是紧密相连的，所以这个事例告诉我们一个更令人吃惊的现实：我不在 5 点半后工作。

我把这种坚持叫作固定日程生产力。因为我设定了一个坚定的目标，在某个固定时间后不再工作，然后在工作中寻找提高产出的策略以达成目标。我实行固定日程生产力已经有 6 年了，专注于有生产效率的深度工作，是我职业生活中的重要努力。下文中我将努力说服你也采用这个策略。

在展示我的固定日程生产力之前，请允许我先说明，按照传统智慧，我所在的学术圈里，这种策略被视作理应会失败。教授——尤其是新晋升的教授——的日程安排应该是没日没夜、没有周末的苦行僧般的生活。举个例子，我们来探讨一位年轻计算机科学教授的一篇博文，姑且称该教授为"汤姆"。汤姆写于2014 年冬天的这篇博文中，粘贴了当时某一天在办公室待了 12个小时的日程表。日程表包括了 5 个不同的会议和 3 个小时的"行政事务"。他说行政事务包括"处理海量的电子邮件、填写烦琐的表格、编辑会议纪要、谋划未来会议"。根据他本人的统计，12 个小时中，只有一个半小时在进行"真正的"工作，也就是他定义的可以使自己向着"拿得出手的研究"前进的工作。难怪汤姆会被逼着在正常工作日之外工作。"我已经接受了在周末工作的现实，"他在另一篇博文里总结，"没有几个年轻老师可以避免这种命运。"

虽然我晚上不工作，周末偶尔工作，但是在 2011 年秋天抵达乔治城和 2014 年秋天开始写作本书之间的这段时间里，我已经发表了大约 20 篇专业论文。此外，我还赢得了两个竞争激烈的奖项，出版了一本（非学术）书，并且将要写完另一本（也就是当前这本）。所有这些成果都因躲过了那些令人疲惫不堪的日程安排——全世界的"汤姆"都认为必需的那种日程。

如何解释这个矛盾？我们可以从一篇 2013 年广泛传播的文章中找到很有说服力的答案。该文章的作者拉蒂卡·纳帕尔（Radhika Nagpal）是哈佛大学的计算机科学教授，弗雷德·卡夫利奖获得者，她在自己的专业领域比我走得更远，成就比我更高。纳帕尔在开篇说终身教授所承受的压力大部分是自我施加的："可怕的数学和数据包围着 R1 大学（研究型大学）的终身教员。"接着她又解释了自己是如何决定抛弃传统智慧转而坚持"刻意……做一些能够保持幸福感的事情"的。这种努力使纳帕尔"极大地"享受了获得终身教职之前的生活。

纳帕尔用几个例子详述了这些努力，其中一种策略听起来十分耳熟。纳帕尔说，在她学术生涯初期，发现自己试图把早 7 点到深夜的每一点空闲时间都塞满工作（因为她有孩子，那段时间——尤其是晚上——变得支离破碎）。没多久她就发现这种策略没有可持续性，于是给自己设定了每周 50 个小时的工作时间上限，然后再来看有哪些规则和习惯可以帮助她完成这个目标。换句话来说，纳帕尔实行了固定日程生产力策略。

我们知道这种策略没有影响到她的学术生涯，她按部就班地拿到了终身教职，3 年后又成了正教授（非常了不起的飞跃）。她是如何实现这个目标的？她在文章中写道，遵循时间上限的技巧中有一点在于为学术生活中的浮浅行为设立严格的配额。例如，她为自己每年设立了最多出差 5 次的上限，不论是何种目的的出差，因为出差会制造数不清的紧急浮浅任务（从编写行程到写谈话参考）。一年 5 次旅行其实也不算少，但是对于一位学者而言也并不算多。举例说明，纳帕尔在哈佛计算机科学系的前同事（现任职于谷歌）马特·维尔士（Matt Welsh），曾经在一篇博文中写道，对于一名初级教员来说，一年出差 12～24 次是很正常的。（可以想象，纳帕尔减少的 10～15 次出差安排可以削减多少浮浅工作！）出差次数配额只是纳帕尔用来保证工作日的手段之一（例如，她还设定了每年阅读论文数量的上限），但是她所分享的所有技巧其实都关注如何果断地减少浮浅工作和保护深度工作，即独创性的研究，这才是决定她职业命运的关键。

　　回到我自己的例子上，我也是通过固定日程来获得成功的。我极其谨慎地使用个人生产效率词汇表中那个危险的词："是"。说服我同意做浮浅工作是很难的。如果你让我去参加一些大学里无关紧要的公务，我会用招聘我入职的那位系主任的话来回应："等我拿到终身教授资格再说吧。"我还有另外一个不错的技巧，就是明确地拒绝，但拒绝的理由则模糊处理。这样做的关键是避免给请求人提供机会，来否定你具体的拒绝理由。例如，如果我以在同一时刻有其他出差任务为理由来拒绝一次十分耗时的演讲，我不会提供细节——因为这样可以给请求人可乘之机，将活动安插到我现在的日程里——而只是说："听起来很有趣，但是我的行程有冲突，恐怕参加不了。"我会拒绝此类任务，也会遏制内心的冲动，不去安抚邀请人，因为其结果往往会对我的行程造成同样的影响。（比如，"不好意思，我参加不了你们的委员会，但是我愿意看看你们的企划书，提出一些建议"。）简单干脆地拒绝是最好的。

　　除了小心谨慎地控制自己的责任外，我对个人时间的管理也极为负责。因为每天的时间都是有限的，我无法容忍重要的截止日期每天压迫着我，也不能容忍因为没有花时间制作一份精巧的计划，而在小事上浪费一个上午。固定日程生产力如达摩克利斯之剑高悬在工作日上，使我的日程安排十分紧凑。如果没有随时可能砍下的剑刃，我可能会有更多的懒惰习惯。

　　总而言之，纳帕尔和我之所以能够不必像汤姆那样加班，也能在学术上有所成就，原因有二。其一，我们采用固定日程的方法，在做选择的时候有所侧重。严格缩减浮浅工作，保持深度，在解放时间的同时，保证我们创造的新价值也不会减少。实际上，我可以这样说，减少浮浅工作为实现深度工作节省了更多的精力，使我们的产出比采用密集日程安排时更高。其二，我们的时间有限，因而会更谨慎地思考个人的组织习惯，这也使得我们产出的价值能够高于采用工作时间更久但日程安排混乱的人。

　　该策略可以应用于大部分的知识工作领域。即使你不是教授，固定日程生产力也可以带来巨大的收益。在大多数的知识工作岗位上，想要拒绝一项单看无害的浮浅任务——可能是受邀去喝一杯茶或者是答应开一个电话会议，可能会很难。然而，专注于固定日程生产力可以使你进入稀缺思维方式。突然间，任何深度工作之外的职责都变得可疑起来，被看作潜在的干扰。你默认的答案可能就会变成"不"，能占用你时间和精力之事的准入门槛陡然上升。你开始用雷霆般的效率安排自己的精力处理这些难题。你也可能重新审视所在公司的工作文化，而原本以为是铁一般的纪律，最后却发现也是有弹性的。举个例子，在发出邮件几个小时后才收到老板的回信是正常的。固定日程生产力却会让你不再急于等待邮件，可以在第二天早上查收。许多人怀疑这样做或许会带来麻烦，因为老板可能在等待你迅速回复。很多时候，你的老板只是碰巧在晚上处理自己的收件箱，但这并不意味着他需要立刻收到回复。这种策略将帮助你迅速发现这些规律。

换言之，固定日程生产力是一种简单却影响广泛的超级习惯。如果你只选择一种行为来确立深度工作的努力方向，固定日程生产力应该在你的备选单的前几位。但是，如果你仍然不确定刻意设置工作日工作时间上限的理念是否能够使你更成功，我建议你再次回顾固定日程拥趸拉蒂卡·纳帕尔的职业生涯。极为巧合的是，正当汤姆在网上叹息作为年轻教授不可避免地要面临巨大的工作压力时，纳帕尔（尽管她采用固定日程制）恰好取得了职业生涯里诸多成就中的一项：她最新的研究成果登上了《科学》杂志封面。

变得不容易联系到

如果关于浮浅工作的讨论不包括电子邮件，那么这种讨论是不完整的。这种典型的浮浅活动偷走了知识工作者的大部分注意力，不断地给你干扰。随时登录电子邮箱已经成为根深蒂固的职业习惯，以至于我们都忘记了自己有权决定它在我们生活中的地位。正如约翰·弗里曼 2009 年出版的《电邮的暴政》一书中提出的警示："我们慢慢失去了追本溯源的能力——以一种谨慎复杂的方式，然而却忽略了一个事实：我们抱怨、抵抗或重新安排自己的日程使其更易管理，本质上是无可厚非的。"被电子邮件支配似乎已经是既定的事实，所有的抵抗都是徒劳的。

本策略反驳了这种宿命论。你无法避免使用这种工具，并不意味着要放弃权力，任由它控制精神世界。在下面一节里，我将介绍 3 种技巧，帮助你重新掌握控制权，来决定这项技术如何使用你的时间和精力，遏制住弗里曼所说的自主权的侵蚀。抵抗不是徒劳的：你对电子通信的控制力比你想象的要强。

贴士 1：让发电子邮件给你的人做更多工作

大多数非小说作家是很容易联系到的。他们会在个人网页上公开电子邮箱地址，欢迎读者提出要求和建议。很多人甚至鼓励这种反馈行为，认为这是读者"社群建设"必需的。但我根本不吃这一套。

如果你访问我的作者网站联系人页面，并不会有针对一般需求的电子邮箱地址，我会根据不同人的需求列出不同的联系方式。比如，我的文学经纪人负责版权请求，演讲经纪人处理演讲邀请。如果你希望联系上我，可以在网站上找到一个特殊情况专

用的电子邮箱地址，但有附带条件；还有不要对收到回复抱太大
期望：

> 如果你有令我感兴趣或者是使我的生活更有趣的主
> 意、机遇或简介，请发电子邮件到 interesting@Calnewport.
> com。如上文所述理由，我只会回复那些与我的日程安排
> 相匹配或符合个人兴趣的邮件。

我将这种方法称作发件人过滤器，使那些试图联系我的人首
先自我过滤一遍。这个过滤器大大减少了我在收件箱里花费的时
间。我开始使用发件人过滤器之前，会在个人网站列出一个邮箱
地址，作为一个通用目的邮箱。不出所料，我经常收到很多长篇
累牍的电子邮件，就具体的（常常很复杂）学业或职业生涯问题
征求意见。我乐于助人，但这些求助人的请求成为我的负担，使
我无所适从。其实他们并没有花很多时间写邮件，但是我需要耗
费很大的精力回应这些问题。发件人过滤器已经帮我屏蔽了大多
数此类信件，并且大幅减少了我收到邮件的数量。说到帮助读者，
我现在将精力着重投向精心挑选的群体，使效果最大化。比如，
我现在不会随便回应哪个学生的问题，而是与为数不多的几个学
生群体密切合作。他们很容易就能联系上我，而我也可以为他们

提供更切实有效的指导。

发件人过滤器的另一个益处就是可以改变人的期望。我的叙述中最重要的一句是："我只会回复那些与我的日程安排相匹配或符合个人兴趣的邮件。"这句话看似不起眼，但是对于通信人如何看待自己发出的信件却有实质性影响。关于电子邮件的社会习俗认为，除非你是名人，否则任何人发给你的邮件都是必须回复的。因此，对于大多数人而言，满满的收件箱会带来重大的责任感。

通过调整给你写信人的期望，使他们意识到你可能不回信，这种情况就将大大改观。收件箱现在成了一个充满希望的地方，你可以在空闲时间浏览一下，找出那些值得处理的、有价值的邮件。一大堆未读邮件再也不是重大的责任了。如果愿意的话，你可以忽略所有邮件，这样不会产生不良后果，但是在心理上却是极大的解脱。

刚开始使用发件人过滤器的时候，我还担心会显得矫情，好像我的时间比读者的时间更有价值——这可能会使他们生气。但我担忧的这种事情并没有发生。大多数人很容易就接受了你有控制自己私人通信的权利，因为他们自己也想享有这种权利。更重要的是，人们喜欢明确清晰。如果没有一定会得到答复的期待，也自然能坦然接受没有答复的现实（总体来说，作家之类很少在公众场合露面的人，高估了人们对他们回信的重视程度）。

在某些案例中，这种期望值设定甚至可能为你的回复赢得更多的声望。比如，曾经有某网络出版商的编辑向我发了一封提供客座文章机会的邮件。按照过滤器设置的标准，我极有可能不会回复。当我回复了他之后，反而成了令人欣喜的意外。下文是他对这段交流的总结：

> 我给卡尔发送电子邮件，询问他是否愿意向我们的网站投稿时，已经有了预期。他在发件人过滤器里并没有提及想要写客座博客的事情，所以如果收不到他的回信，我也不会觉得难受。当他真的给我回信了的时候，我高兴极了。

我的发件人过滤器只是这种策略下的一个例子。我们来看一下克莱·赫伯特（Clay Herbert）的故事，他是为科技创业公司做众筹的专家：这个职业会吸引大量希望获得有用建议的来信。恰如福布斯网站关于过滤器的一篇报道中所述："在一段时间里，来信数量超出了赫伯特的应对能力，所以他设置了过滤器，把负担转移到那些寻求帮助的人身上。"

虽然赫伯特和我的出发点相同，但他采用的过滤器形式却有所不同。为了联系到他，你必须首先查阅"常见问题"，确认你的问题还没有得到回答（在采用这个过滤器之前，赫伯特需要经常回答重复的问题）。如果你通过了常见问题筛选，他会要求你填写一项调查，以此来进一步筛选与个人专长极为相关的发件人。赫伯特要求通过这一步的人在联系自己之前交一小笔费用。这一笔费用并不是为了得到额外收入，而是为了筛选出那些真心寻求建议并愿意采纳的人。这些过滤器使赫伯特仍然能够帮助别人以及遇到有趣的机会，但是与此同时，过滤器也帮助他使来信量降低到可以轻松处理的水平。

再举一个安东尼奥·森特诺（Antonio Centeno）的例子，他经营着一个名叫"纯爷们风格"的高人气博客。森特诺为发件人过滤器设置了一个双步骤的程序。如果你有问题，他会引导你到一个公众板块贴出来。森特诺认为用私人一对一的对话来一遍又一遍地回答相同的问题是十分不经济的。如果你过了这一步，他会让你点击几个复选框来做出以下3个承诺：

√我不是在问安东尼奥一个使用谷歌搜索10分钟就可以得到答案的问题；

√我不是复制粘贴了常见的请求，以及给安东尼奥发垃圾邮件推销我个人的不相关生意的；

√如果安东尼奥在23个小时内答复我，我将为某位陌生人做一件善事。

当你点击同意了所有3个承诺之后，联系页面才会出现一个信息框供你输入信息。

总结而言，电子邮件背后的技术是革命性的，但是当前指导我们如何应用这些技术的社会习俗却是落伍的。认为不论发件人和目的，所有信息都应不加区分地发至同一收件箱的理念，以及任何邮件都应该得到（及时）回复的理念，都是荒谬的。发件人过滤器是改善此状态的十分有效的一个小技巧，也是顺应潮流的——至少对越来越多的企业主和自由职业者来说是这样的，他们不仅可以收到大量来信，也有能力决定自己的可及性。（我也希望看到类似规则能被应用到大型组织的办公室内部通信上，但是考虑到第2章论及的理由，想要实现这点愿望恐怕还需时日。）如果条件允许，你可以考虑使用发件人过滤器，重新夺回对时间和注意力的掌控权。

贴士2：收发电子邮件的时候做更多工作

请阅读以及思考以下几封普通的电子邮件：

电子邮件1"上周和你相聚很棒。我想继续探讨一下我们讨论过的一些问题。你想喝咖啡吗？"

电子邮件2"我们应该继续探讨我上次拜访时讨论的研究问

题。提醒我一下，上次我们谈到哪儿了？"

电子邮件 3 "我尝试写了我们讨论过的那篇文章，随邮件附上。有什么意见？"

这 3 个例子对知识工作者来说应该都不陌生，代表了他们收件箱中无数类似的邮件。然而这些邮件却可能是葬送生产力的地雷：如何回复这些邮件将极大地影响到接下来的对话，进而决定了将要占用你多少时间和注意力。

一般情况下，人们面对这种询问式的电子邮件，本能的反应是尽快回复，从而将这些信息从收件箱中暂时性地清除。从短期看来，简短的回复可以使你得到稍许的宽慰，因为你将信息附带的责任踢回给了发件人。然而，这种宽慰只是暂时的，因为义务将会在你们之间踢来踢去，持续占用你的时间和注意力。因此，我认为正确处理这类问题的策略是在回复之前暂停片刻，并思考以下关键提示：

这条信息指向哪一个项目，成功完成项目的最有效流程（就产生的信息数量而言）是什么？

一旦你自己回答了这个问题，就取消那个快速回复，多花一些时间把你发现的流程写下来，找到当前处于哪一个步骤，然后强调接下来的步骤。我把这称作电子邮件的流程导向方法。其目的在于减少你收到的电子邮件数量以及引发的思维混乱。

为了更好地解释这个过程及其工作原理，让我们用流程导向方法来回应之前的电子邮件。

对于电子邮件1的流程导向回应："喝杯咖啡不错。我们在校园的星巴克碰头吧。我在下面列出了下周有空的两天。每一天，我都列出了3个时段。如果其中某一天的某个时段你也合适的话，告诉我。如果你回复了就当作确认了会面。如果没有合适的时间，下面是我的号码，可以给我打个电话，我们可以商量一个合适的时间。期待你的回复。"

对于电子邮件2的流程导向回应："我同意你的想法，应该继续讨论这个问题，下面是我的建议……

"下周找个时间，把你还记得我们就此问题做过的讨论发电子邮件给我。收到来信后，我将建立一个关于该项目的共享目录。总结你发给我的材料以及我自己关于之前讨论的回忆，写成文件，加入到目录里。在文件里，我将标亮我认为最值得讨论的两三项工作。

"我们可以在接下来的几周内尝试并核对这几项工作。我建议就此事安排一次电话交流，时间定在一个月后。下边列了一些我有时间接电话的日期和时间。你整理好笔记回复的时候，标明最适合你的日期和时间，回复就相当于确认了电话交流一事。期望我们能够深入研究这个问题。"

对于电子邮件 3 的流程导向回应："感谢回信，我将阅读草稿并于本周五（10 号）发回带批注的修改版本。在回复的版本中，能改的我就直接做了编辑，我在一些认为应该完善的地方添加了批注。届时，你应该了解哪些地方需要完善，并提交最终草稿。无须回复本信息，也不用在我返还编辑稿后跟进交流，你可以放手去做，当然有问题时可以联系我。"

在草拟这些回复范本时，我会先确认信息中所指的项目。请注意，"项目"在此是一个宽泛的词。它可以包括大而明显的项目，例如在一个研究项目上取得进展（例 2），但是也包括了诸如约定咖啡聚会等小的事务性问题（例 1）。然后我会用一到两分钟思考从当前状态发展到想要的结果所需最少信息量的流程。最后一步就是写一封回复，认真叙述这个流程并讲明我们当前的状况。这些例子都是关于电子邮件的回复，需要明确的是，类似的方法也可以用于起草电子邮件。

处理电子邮件的流程导向方法可以大大减轻科技给你的时间和注意力带来的负担，原因有二。一是此法减少了你收件箱中电子邮件的数量，有时甚至会大幅减少（如果你不仔细编辑回信的话，像安排一个咖啡聚会这么简单的事情都可能需要接下来几天连续发六七条信息才能解决）。这样就可以减少你花在收件箱上的时间和用在这上面的脑力。

二是，用大卫·艾伦的话来说，一个好的流程导向信息可以立即把当前的项目"闭合"。当你收发的电子邮件发起了一个项目，这个项目就会潜伏在你的思维中——它成了"你的盘子里"的东西，它将占用你的注意力并最终需要你来解决。用这个方法可以把这一切扼杀在萌芽之中。通过拟定全套流程，在任务表和日历中添加所有与你相关的任务并让对方也忙起来，可以使你的思维重新夺回被这个项目占据的思维空间。减少了思维杂乱，意味着有更多脑力资源可以用来进行深度思考。

流程导向的电子邮件可能乍一看不自然。一方面，它们需要你在编写之前花更多的时间来思考。在这个时候，看起来好像你在电子邮件上花了更多的时间。但你要明白，多花两三分钟就可以避免之后收发不必要的信息，为你节省更多的时间。

另一方面，流程导向的信息可能显得呆板，过于技术流。当前关于电子邮件的社会习惯是倾向于使用对话体的语调，这与流程导向交流中通常使用的系统化安排和决策树是相冲突的。如果你介意这一点，我建议你在自己的信息前加一个长一点的对话体的序言。你甚至可以在信息中流程导向部分与对话体开头之间划出分割线，或者把流程导向部分标为"下一步工作建议"，这样一来，技术流的语调就不会显得那么突兀了。

最后要说的是，忍受这些小麻烦是值得的。对你收发的电子邮件信息里所提出的建议多花一点心思，可以大大减少电子邮件对你的负面影响，保护自己深度工作的能力。

贴士3：不要回复

作为一名麻省理工学院的毕业生，我有机会同知名学者交流。在交流的过程中，我发现他们许多人都有一个关于电子邮件的使用方法，这种方法极好，用的人也不多——对于收到的电子邮件，他们的默认反应是不予回复。

慢慢地，我理解了这种行为背后的逻辑：他们认为使用电子邮件时，使收件人相信邮件值得一读是发件人的责任。如果你的邮件不够有说服力并且不能充分降低教授回复邮件所需的精力，那么你就得不到回复。

例如，下面的这封电子邮件，恐怕很多麻省理工学院的名人都不会回复：

教授好。我想过来拜访您，讨论一下"课题甲"。您有空吗？

回复这条信息需要很多的工作（"您有空吗？"太含混，无法马上回答）。另外，这封邮件也没有试图说明这次交流是否值得教授花时间。知道了这些标准，我们就可以写一封更有可能得到教授回复的邮件：

> 教授好。我正在与我的导师教授乙开展一个与课题甲类似的项目。请问我可以在周四您办公时间的最后15分钟拜访您吗？届时可以向您更详细地介绍我们的进展，并探讨这些是否对您当前的项目有裨益？

这一封邮件和第一封不同，清楚地说明了为什么这次会面有价值，也减少了收信人答复时所需要付出的精力。

该贴士建议你在职业环境允许的情况下，模仿教授对待电子邮件的矛盾方法。为了更好地帮助你，请尝试使用以下3条规则，以区分哪些信息需要回，哪些不需要。

教授的电子邮件分类法（如果一封电子邮件信息存在以下任何一点，请不要回复）：

· 邮件相当含混或者存在其他问题，很难给一个合理的回复；

· 你对这个问题或者提议不感兴趣；

· 如果你回复了，不会有好结果；如果你不回复，也不会有坏结果。

关于以上三点，现实中存在大量显而易见的例外。比如你收到一封来自公司首席执行官的邮件，即使内容是关于一个你不关心的项目，给出的信息含混不清，你也得回复。除此类特例之外，如果采用教授使用的这种方法，就要在决定是否点击"回复"键的时候更加果决。

刚开始使用这个方法可能会使你感觉不自在，因为这样做要求你摒弃当前关于电子邮件的重要惯例：不论信息是否相关以及是否重要，每一封邮件都将得到回复。采用这个方法后，发生一些不愉快的事情也是在所难免。有些人或许会感到疑惑或生气，尤其是那些从来没碰到过质疑或无视常见电子邮件惯例的人。其实这没什么大不了的。正如作家蒂姆·菲利斯（Tim Ferriss）曾经写的："培养允许坏的小事发生的习惯。否则，你将永远发现不了改变命运的大事。"另外麻省理工学院的教授也发现，人们会很快调整对你的期望，适应你的社交习惯。你不回复他们匆忙写下的信息，这件事也不会是他们生活中的重大事件。

一旦你适应了这种方法带来的不适，你就能感觉到它带来的好处。人们在讨论如何解决海量的电子邮件时常用到两个说法。一种说法是电子邮件将带来更多的电子邮件，另一种说法是费力处理含混或者无关的电子邮件是收件箱压力的主要来源。我们提

出的这个方法建议积极主动地处理这两个问题：少发邮件，同时
忽略那些难以处理的邮件。通过这个方法，你可以大大减少被收
件箱占用的时间和注意力。

结 论

　　微软公司创立的故事广为流传，如今已成为一段传奇。1974
年的冬天，一位名叫比尔·盖茨的年轻哈佛学生在《大众电子》
（*Popular Electronics*）杂志的封面看到了"牵牛星"（Altair），这是
世界上第一台个人电脑。盖茨意识到为这台机器编写程序是个机
会，于是他抛弃所有，在保罗·艾伦和蒙特·大卫杜夫的帮助下，
用接下来的 8 个星期为牵牛星设计了一套 BASIC 编程语言。这个
故事经常用来证明盖茨的远见和勇敢，但是近来的一些采访展现
了在盖茨的成功故事中起到至关重要作用的另外一种品质：异乎
寻常的深度工作能力。

　　正如沃尔特·艾萨克森 2013 年在《哈佛报》（*Harvard Gazette*）
上发表的一篇同主题文章所述：在两个月的时间里，盖茨如此
努力地工作，以至于常常在写代码的时候睡在键盘上。他会睡
一两个小时，醒来后再接着写下去。盖茨的这种能力至今仍令保
罗·艾伦印象深刻，他将其称为"专注力的惊人之举"。艾萨克森

后来在《创新者》（*The Innovators*）中这样总结盖茨对于深度工作的独特情结：区别盖茨与艾伦的特质就是专注力。艾伦的头脑中满满的都是点子与激情，而盖茨则痴迷专注于一件又一件事。

在这个故事中，我们找到了关于深度工作的最有力论据。在这个日新月异的信息时代，人们容易出现两种截然相反的牢骚。急脾气的人对于人们在手机上投入的注意力感到隐隐不安，怀念以前专注于某件事那种悠然自得的日子；然而电子发烧友却认为这种怀旧是卢德主义[1]，很无聊，并且认为日益紧密的联系才是未来乌托邦的基础。马歇尔·麦克卢汉（Marshall McLuhan）说"媒介就是信息"，但我们在当前这个领域的对话却暗含了"媒介就是道德"的意味——你不是同意脸谱网代表未来，就是将其看成人类的堕落。

正如我在本书的前言中所强调的，我无意于参与这场辩论。致力于深度工作并不涉及道德立场，也不是一种哲学论断，而只是从实用角度认可专注的能力可以完成有价值的事情。换言之，深度工作是重要的，不是因为分心是邪恶的，而是因为深度工作能够使比尔·盖茨在一个学期创立 10 亿美元的产业。

我个人在职业生涯中也不断地加深对这一道理的认识。作为

1　Luddism，强烈反对提高机械化和自动化程度的主张。——译者注

深度工作拥趸已经十多年了，但我仍然会时常惊讶于它的力量。我在读研究生时，第一次了解到并开始利用深度工作这种技能，这使我不用在工作日和整个周末加班（在我的同学中很少见），还能每年都写出两篇同行评审的高质量论文（对于一名学生而言，已经很了不起了）。

然而，当我将要升为教授时，又开始担心了起来。作为一名学生、博士后，我投入的时间是最少的，我按照自己的想法安排了一天中大部分的时间。我知道，在我职业生涯的下一阶段，或许无法再有这样奢侈的特权，因为我不确信自己是否可以实现足够的深度工作，将其融入到要求更高的日程安排中，保持自己的产出。我不愿坐以待毙，决定尝试一种提高个人深度工作能力的锻炼计划。

我在麻省理工学院的最后两年展开了这些训练，当时我正攻读博士后并开始寻找教授职位。我主要的策略就是对日程进行刻意限制，以更好地估算出成为教授后难得的自由时间预期。除了不在夜晚工作的原则外，我开始安排更多的午饭休息时间，先跑步，然后再把午餐带回到公寓。在这期间，我还签了第 4 本书《优秀到不能被忽视》（*So Good They Can't Ignore You*）的写作合同——当然，这个项目迅速占用了我大量的时间。

为了抵消这些新限制的影响，我又进一步完善了自己的深度工作计划。我尝试了很多方法，我会更细致地划出深度工作的时间，避免在这些时间段受打扰。我还培养出在每周步行的多个小时里认真梳理思路的能力（对我的产出大有裨益），并且特别痴迷于寻找有利于聚精会神的偏僻之所。比如，在这个夏天，我会经常到贝克工程图书馆的穹顶下工作，那是一个非常讨人喜欢的洞穴式建筑，但在学期中会挤满人。在冬季，我会寻找更偏僻的处所以获得安宁，最终我爱上了小而精致的路易斯音乐图书馆。在某些时候，我甚至会买 50 美元一本的实验室用高级网格笔记本来做数学验证，因为我认为高成本会引导我在思考时更细心。

最后我惊喜地发现，所有的这些努力都得到了回报。我于 2011 年秋天在乔治城大学获得了计算机科学教授的工作，但我的实际工作量并没有大幅增加。由于我在相当长的一段时期里一直训练自己，我的研究效率不仅没有受影响，反而提高了。在我研究生那段轻松的时光里，一年可以写两篇高质量论文。成为教授后，虽然工作任务更多，但是发表的论文数却提高到了平均每年 4 篇。

这令我大吃一惊，但是我很快就意识到自己其实还没有达到深度工作的极致。我在成为教授之后的第三年意识到了这一点。在乔治城的第三年，也就是从 2013 年的秋天到 2014 年夏天，我开始重新审视自己的深度工作习惯，寻求更多的进步空间。其中的原因与你当前读的这本书有很大关系——本书的大部分内容是在那个阶段写就的。写出一本 7 万字的书稿，自然而然地给我原本已经紧凑的日程添了新的负担，因为我不想让写作影响到我的学术事业。我转向深度工作的另外一个原因是即将到来的终身教职申请。在提交终身教职申请之前，我还有一两年的时间写论文。换言之，这是一个展示我个人能力的关键时刻（尤其是在我参评终身教职前的最后一年，我太太和我准备要第二个孩子）。我转向深度工作的最后一个原因是更加私人的，并且（坦诚讲）有些任性。我申请了一个特别著名的项目拨款却被拒绝了，但是许多同事都申请到了。我感觉十分沮丧和尴尬，于是决定不再抱怨，也不怀疑自己，而是增加自己出版的文章数量和质量，弥补得不到拨款的损失——让这些文章为我证明，即使得不到这项拨款，我也确实知道自己在做什么。

　　我已经是一个熟练的深度工作者，但是这 3 个原因使我将这种习惯推向了极致。我开始果断地拒绝耗时的约会，在办公室外更封闭的环境里工作。我在办公桌附近显眼的位置放上计分板，记下我深度工作的时间。当这些计分板没有按照预期的速度累积时，我会变得不安。可能最有效的是我恢复了自己在麻省理工学院时的习惯：不论是遛狗还是在上下班路上，一旦有好的时机我就开始思索如何解决手头上的问题。在此之前，我只是在接近最后期限时才增加深度工作时间。今年，无论是否有一个明确的最后期限，我都会无时无刻不严格地敦促自己专注于有意义的任务。在搭地铁的路上，在铲雪的时候，我会处理文章校样。周末当我儿子小睡时，我就绕着院子踱步思索。当遇到交通阻塞时，我就开始有条理地解决那些困扰着我的问题。

随着这一年慢慢过去，我变成了一台深度工作机器——这一转变令我猝不及防。这一年里，我写完了一本书，我的大儿子到了两岁这个令人不省心的年龄。与此同时，我还将学术方面的平均产出提升了一倍多：在坚持晚上不工作的前提下，发表了9篇同行评审文章。

我必须要承认这一年的深度工作或许过于激进：这段经历十分消耗脑力，在未来我将缓和强度。但是这段经历印证了我结论的第一点：深度工作远比大多数人所了解的更强大。正是坚持使用这个技能，比尔·盖茨抓住了突然而至的机遇并开创了一项新产业，我也能够在写一本书的同一年里把学术方面的产出提高一倍。脱离注意力涣散的大众，加入那些能集中精力的少数人群，我认为这是一个能让你脱胎换骨的转变。

当然，深度的生活并不适合所有人。你需要为此付出艰苦的努力，从根本上改变你的习惯。对于很多人来说，快速地收发电子邮件和在社交媒体上发消息所带来的繁忙假象会给他们带来慰藉，深度的生活却要你摆脱这些东西。在你尽个人全力去创造一件美好的事物时，会有一种不安牵扰着你，因为这迫使你面对自己最好的成果（暂且）还没有那么好的可能。与涉足政坛，期望做出一番事业相比，夸夸其谈地评论我们的文化会显得更安全。

　　但是如果你愿意跨过舒适区和恐惧，将自己的头脑发挥到极致，创造出有价值的东西，将会像前人一样发现，深度能造就富有效率和意义的生活。在第一部分里，我引用了作者威妮弗雷德·加拉格尔的话："我将活出专注的人生，因为这是最好的选择。"我赞同这句话，比尔·盖茨也赞同。希望你在读完这本书之后也会赞同。

注 释

前言

"In my retiring room…" and **"I keep the key…"** and **"The feeling of repose and renewal…"**: Jung, Carl. *Memories, Dreams, Reflections.* Trans. Richard Winston. New York: Pantheon, 1963.

"Although he had many patients…" and other information on artists' habits: Currey, Mason. *Daily Rituals: How Artists Work.* New York: Knopf, 2013.

The following timeline of Jung's life and work also proved useful in untangling the role of deep work in his career: Cowgill, Charles. "Carl Jung." May 1997. http://www.muskingum.edu/~psych/psycweb/history/jung.htm

For more on deliberate practice, the following two books provide a good popular overview:

- Colvin, Geoffrey. *Talent is Overrated: What Really Separates World-Class Performers from Everybody Else.* New York: Portfolio, 2008.
- Coyle, Daniel. *The Talent Code: Greatness Isn't Born. It's Grown. Here's How.* New York: Bantam, 2009.

Anders Ericsson from Florida State University is a leading academic researcher on the concept of deliberate practice. He has a nice description of the idea on his academic website: http://www.psy.fsu.edu/faculty/ericsson/ericsson.exp.perf.html

My list of the deep work habits of important personalities draws from the following sources:

- Montaigne information comes from: Bakewell, Sarah. *How to Live: Or A Life of Montaigne in One Question and Twenty Attempts at an Answer.* New York: Other Press, 2010.

- Mark Twain information comes from: Mason Currey's *Daily Rituals* (see above).

- Woody Allen information comes from Robert Weide's 2011 documentary, *Woody Allen: A Documentary*.

- Peter Higgs information comes from: http://www.theguardian.com/science/2013/oct/08/nobel-laureate-peter-higgs-boson-elusive

- J.K. Rowling information comes from: https://twitter.com/jk_rowling

- Bill Gates information comes from: http://online.wsj.com/news/articles/SB111196625830690477

- Neal Stephenson information comes from an older version of Stephenson's website, which has been preserved in a December, 2003 snapshot by The Internet Archive: http://web.archive.org/web/20031207060405/http://www.well.com/~neal/badcorrespondent.html

"A 2012 McKinsey study found that…": Chui, Michael, et al. "The

Social Economy: Unlocking Value and Productivity Through Social Technologies." http://www.mckinsey.com/insights/high_tech_ telecoms_internet/the_social_economy

"What the Net seems to be doing is..." and **"I'm not the only one"**: Carr, Nicholas. "Is Google Making Us Stupid?" *The Atlantic Monthly*, July/August 2008. Also online at: http://www. theatlantic.com/magazine/archive/2008/07/is-google-making-us-stupid/306868/

The fact that Carr had to move to a cabin to finish writing *The Shallows* comes from the Author's Note in the paperback version of the book.

"superpower of the 21st century": http://www.bakadesuyo. com/2013/09/stay-focused/

第一部分 理论

第 1 章

Information about Nate Silver's election traffic on the *New York Times* website: http://www.newrepublic.com/article/109714/nate-silvers-fivethirtyeight-blog-drawing-massive-traffic-new-york-times

Information about Nate Silver's ESPN/ABC News deal: http://www. politico.com/blogs/media/2013/07/how-espn-and-abc-landed-nate-silver-168888.html

Examples of concerns regarding Silver's methodology:

- http://dailycaller.com/2012/11/01/is-nate-silvers-value-at-risk/
- http://www.newyorker.com/online/blogs/books/2013/01/what-nate-silver-gets-wrong.html

Information about David Heinemeier Hansson comes from the following websites:

- http://david.heinemeierhansson.com/
- http://www.techradar.com/us/news/internet/the-secrets-behind-37signals-success-712499
- http://en.wikipedia.org/wiki/OAK_Racing

For more on John Doerr's deals: http://www.forbes.com/profile/john-doerr/

The $3.3 billion dollar net worth of John Doerr was retrieved from the following Forbes.com profile page on April 10, 2014: http://www.forbes.com/profile/john-doerr/

"We are in the early throes of a Great Restructuring..." and **"Our technologies are racing ahead...":** from page 9 of Brynojolfsson, Erik and Andrew McAfee. *Race Against the Machine: How the Digital Revolution is Accelerating Innovation, Driving Productivity, and Irreversibly Transforming Employment and the Economy.* Cambridge, MA: Digital Frontier Press, 2011.

"other technologies like data visualization, analytics, high speed communications": Ibid., 9.

"The key question will be: are you good at working with intelligent machines or not?": from page 1 of Cowen, Tyler. *Average is Over.* New York: Penguin, 2013.

Rosen, Sherwin. "The Economics of Superstars." *The American Economic Review* 71.5 (Dec. 1981): 845-858.

"Hearing a succession of mediocre singers does not add up to a single outstanding performance": Ibid., 846.

The Instagram example, and its significance for labor disparities were first brought to my attention by the writing/speaking of Jaron Lanier.

如何在新经济形势下成为赢家

Details on Nate Silver's tools:

- http://www.businessinsider.com/how-nate-silver-and-fivethirtyeight-works-2012-11
- http://www.reddit.com/r/IAmA/comments/166yeo/iama_blogger_for_fivethirtyeight_at_the_new_york
- www.stata.com/why-use-stata/

The SQL example I gave was from postgreSQL, an open source database system popular in both industry and (especially) academia. I don't know what specific system Silver uses, but it almost certainly requires some variant of the SQL language used in this example.

深度工作帮助你迅速掌握困难的事物

"Let your mind become a lens...": from page 95 of Sertillanges, Antonin-Dalmace. *The Intellectual Life: Its Spirits, Conditions, Methods*. Trans. Mary Ryan. Cork: The Mercier Press, 1948.

"the development and deepening of the mind": Ibid., 13.

Details about deliberate practice draw heavily on following the seminal survey paper on the topic: Ericsson, K.A., R. T. Krampe, and C. Tesch-Römer. "The Role of Deliberate Practice in the Acquisition of Expert Performance." *Psychological Review*,100.3 (1993): 363-406.

"we deny that these differences [between expert performers and normal adults] are immutable...": from page 400 of Ericsson (1993).

"men of genius themselves...": from page 95 of Sertillanges (1948).

"[Recent analyses] reveal an enjoyable state of effortless mastery...":
from page 368 of Ericsson (1993).

For more on "flow" see: Csikszentmihalyi, Mihaly. *Flow: The Psychology of Optimal Experience.* New York: Harper & Row, 1990.

Details on the neurobiology of expert performance can be found in: Coyle (2009).

Coyle also has a nice slideshow about myelination at his website: www. thetalentcode.com/myelin

深度工作有助于精英级产出的实现

More about Adam Grant, his records, and his (30-page long) CV can be found at his academic website: https://mgmt.wharton.upenn.edu/ profile/1323/

Grant, Adam. *Give and Take: Why Helping Others Drives Our Success.* New York: Viking Adult, 2013.

The article on Adam Grant in *The New York Times Sunday Magazine*: Dominus, Susan. "The Saintly Way to Succeed." *The New York Times Sunday Magazine*, 31 March 2013: MM20.

Grant's claim that he tries to stack his three annual courses into a single semester (usually the fall) is hard to independently verify without access to the University of Pennsylvania course system. I was able to verify, however, that during the spring of 2014, when I wrote this chapter, the official University web site reported "no courses currently offered" under *teaching* on Grant's site.

Newport, Cal. *How to Become a Straight-A Student: The Unconventional Strategies Used by Real College Students to Score High While Studying Less.* New York: Three Rivers Press, 2006.

Leroy, Sophie. "Why Is It So Hard to Do My Work? The Challenge of Attention Residue When Switching Between Work Tasks." *Organizational Behavior and Human Decision Processes* 109 (2009): 168–181.

杰克·多西是怎么回事

"he is a disrupter on a massive scale and a repeat offender…" and **"I do a lot of my work at stand-up tables…"** and details on Jack Dorsey's daily schedule come from the following *Forbes.com* article: http://www.forbes.com/sites/ericsavitz/2012/10/17/jack-dorsey-the-leadership-secrets-of-twitter-and-square/3/

The cited Jack Dorsey net worth number was accessed on the following Forbes.com profile on April 10, 2014: http://www.forbes.com/profile/jack-dorsey/

"I can go a good solid Saturday without…": from an interview with Kerry Trainor that was conducted in October, 2013 by HuffPoLive. A clip with the e-mail usage quote is available here: http://www.kirotv.com/videos/technology/how-long-can-vimeo-ceo-kerry-trainor-go-without/vCCBLd/

第 2 章

"the largest open floor plan in the world" and other information about Facebook's new headquarters: http://edition.cnn.com/2012/10/04/business/global-office-open-plan/

"We encourage people to stay out in the open…" and other information about Square's headquarters:

http://www.forbes.com/sites/ericsavitz/2012/10/17/jack-dorsey-the-leadership-secrets-of-twitter-and-square

"province of chatty teenagers…" and **"new productivity gains…"** from the following *New York Times* article about Instant Messaging: http://www.nytimes.com/2006/04/05/technology/techspecial4/05message.html

More on Hall can be found at Hall.com and in this article: http://techcrunch.com/2011/10/16/hall-com-raises-580k-from-founders-collective-and-others-to-transform-realtime-collaboration/

An up-to-date list of the more than 600 *New York Times* employees using Twitter: https://twitter.com/nytimes/nyt-journalists/members

The original Jonathan Franzen piece for *The Guardian* was published online on September 13, 2013, with the title "Jonathan Franzen: What's Wrong With the Modern World." The piece has since been removed for "copyright" issues, but you can still find the description of the article online: http://www.theguardian.com/books/2013/sep/13/jonathan-franzen-wrong-modern-world

Here is the *Slate* piece that ended up titled "Jonathan Franzen's Lonely War on the Internet Continues." Notice from the URL that the original title was even harsher: http://www.slate.com/blogs/future_tense/2013/10/04/jonathan_franzen_says_twitter_is_a_coercive_development_is_grumpy_and_out.html

"Franzen's a category of one…": from Jennifer Weiner's response to Franzen in *The New Republic*: http://www.newrepublic.com/article/114762/jennifer-weiner-responds-jonathan-franzen

"massive distraction…" and **"if you are just getting into some work":** http://www.thesoundagency.com/2011/sound-news/more-damaging-evidence-on-open-plan-offices/

"this was reported by subjects…" and related results from: Mark, Gloria, Victor M. Gonzalez, and Justin Harris. "No Task Left Behind? Examining the Nature of Fragmented Work." *Proceedings of the SIGCHI Conference on Human Factors in Computing Systems.* ACM, 2005.

"Twitter is crack for media addicts" and other details of George Packer's thoughts about social media: http://www.newyorker.com/online/blogs/georgepacker/2010/01/stop-the-world.html

度量黑洞

"A 'free and frictionless' method of communication" and other details of Tom Cochran's e-mail experiment: http://blogs.hbr.org/2013/04/email-is-not-free/

"it is objectively difficult to measure individual…": from page 509 of Piketty, Thomas. *Capital in the Twenty-First Century.* Cambridge, MA: Belknap Press, 2014.

"undoubtedly true": http://www.nationalreview.com/corner/382084/pikettys-can-opener-jim-manzi. This careful and critical review of Piketty's book by Jim Manzi is where I originally came across the above Piketty citation.

最小阻力原则

"At first, the team resisted" and **"putting their careers in jeopardy"** and **"a better product delivered to the client"** as well as a good summary of Leslie Perlow's connectivity research can be found in Perlow, Leslie A. and Jessica L. Porter. "Making Time Off Predictable—and Required." *Harvard Business Review Magazine,* October 2009. Also available online: https://hbr.org/2009/10/

making-time-off-predictable-and-required

For more on David Allen's task-management system, see his book: Allen, David. *Getting Things Done*. New York: Viking, 2001.

Allen's *fifteen-element* task management flowchart can be found in the above book as well as online: http://gettingthingsdone.com/pdfs/tt_workflow_chart.pdf

忙碌代表生产能力

The *h-index* for an academic is (roughly speaking) the largest value x that satisfies the following rule: "I have published at least x papers with x or more citations." Notice, this value manages to capture both how many papers you have written and how often you are cited. You cannot gain a high h-index value simply by pumping out a lot of low value papers, *or* by having a small number of papers that are cited often. This metric tends to grow over careers, which is why in many fields h-index goals are tied to certain career milestones.

"To do real good physics work…": comes around the 28:20 mark in the following interview: https://www.youtube.com/watch?v=Bgaw9qe7DEE

"Managers themselves inhabit a bewildering psychic landscape": from page 9 of Crawford, Matthew. *Shop Class as Soulcraft*. New York: Penguin, 2009.

"cranking widgets": This concept is a popular metaphor in discussing David Allen's task management system; c.f., http://www.43folders.com/2006/10/10/productive-talk-procrastination and http://schuller.id.au/2008/04/09/the-power-of-cranking-widgets-gtd-times/ and http://zenhabits.net/cranking-widgets-turn-your-work-into/

More on Marissa Mayer's working from home prohibition: http://www. businessinsider.com/how-marissa-mayer-figured-out-work-at-home-yahoos-were-slacking-off-2013-3

对互联网的顶礼膜拜

Alissa Rubin tweets at @Alissanyt. I don't have specific evidence that Alissa Rubin was pressured to tweet. But I can make a circumstantial case: she includes "nyt" in her Twitter handle, and *The Times* maintains a Social Media Desk that helps educate its employees about how to use social media (c.f., https://www. mediabistro.com/alltwitter/new-york-times-social-media-desk_b53783), a focus that has led to over 600 employees tweeting: https://twitter.com/nytimes/nyt-journalists/members

Here is an example of one of Alissa Rubin's articles that I encountered when writing this chapter: http://www.nytimes.com/2014/04/09/world/africa/claims-of-french-complicity-in-rwandas-genocide-rekindle-mutual-resentment.html?ref=alissajohannsenrubin

Postman, Neil. *Technopoly: The Surrender of Culture to Technology*: New York: Vintage Books,1993.

"It does not make them illegal": Ibid., 48.

"It's this propensity to view 'the Internet' as a source of wisdom...": from page 25 of Morozov, Evgeny. *To Save Everything, Click Here*. New York: PublicAffairs, 2013.

第 3 章

"I do all my work by hand...": from Ric Furrer's artist statement, which can be found online, along with general biographical details on Furrer and information about his business: http://www.doorcountyforgeworks.com

"This part, the initial break down..." and **"you have to be very gentle..."** and **"it's ready..."** and **"To do it right, it is the most complicated thing...":** from the PBS documentary, "Secrets of the Viking Swords," which is an episode of NOVA that first aired on September 25, 2013. For more information on the episode and online streaming see: http://www.pbs.org/wgbh/nova/ancient/secrets-viking-sword.html

"The satisfactions of manifesting oneself concretely...": from page 15 of Matthew Crawford (2009).

"The world of the information superhighways...": from Ric Furrer's artist statement: http://www.doorcountyforgeworks.com

从神经学角度论证深度

"not just cancer..." and **"This disease wanted to..."** and **"movies, walks...":** from page 3 of Gallagher, Winifred. *Rapt: Attention and the Focused Life*. New York, Penguin, 2009.

"Like fingers pointing to the moon...": Ibid., 2.

"who you are...": Ibid., 1.

"reset button...": Ibid., 48.

"Rather than continue to focus...": Ibid., 49.

Though *Rapt* provides a good summary of Barbara Fredrickson's research on positivity (see pages 49 – 49), more details can be found in Fredrickson's 2009 book on the topic: Frederickson, Barbara. *Positivity: Groundbreaking Research Reveals How to Embrace the Hidden Strength of Positive Emotions, Overcome Negativity, and*

Thrive. New York: Crown Archetype, 2009.

The Laura Carstensen research was featured in *Rapt* (see pages 50 – 51). For more information see the following article: Carstensen, Laura L., and Joseph A. Mikels. "At the Intersection of Emotion and Cognition Aging and the Positivity Effect." *Current Directions in Psychological Science* 14.3 (2005): 117-121.

"concentration so intense…": from page 71 of Csikszentmihalyi, Mihaly. *Flow: The Psychology of Optimal Experience.* New York: Harper & Row Publishers, 1990.

"five years of reporting…": from page 13 of Gallagher (2009).

"I'll choose my targets with care…": Ibid., 14.

从心理学角度论证深度

For more on the experience sampling method, read the original article here:

Larson, Reed, and Mihaly Csikszentmihalyi. "The Experience Sampling Method." *New Directions for Methodology of Social & Behavioral Science.* City: Publisher, 1983.

You can also find a short summary of the technique at Wikipedia: http://en.wikipedia.org/wiki/Experience_sampling_method

"the best moments usually occur…": from page 3 of Csikszentmihalyi. (1990).

"Ironically, jobs are actually easier to enjoy…": Ibid., 162.

"jobs should be resdesigned…": Ibid.,157.

从哲学角度论证深度

"The world used to be…": from page xi of Dreyfus, Hubert and Sean Dorrance Kelly. *All Things Shining: Reading the Western Classics* *to Find Meaning in a Secular Age.* New York: Free Press, 2011.

"The Enlightenment's metaphysical embrace…": Ibid., 204.

"Because each piece of wood is distinct…": Ibid., 210.

"is not to generate **meaning…":** Ibid., 209.

"Beautiful code is short and concise…": from a THNKR interview with Santiago Gonzalez available online: https://www.youtube.com/watch?v=DBXZWB_dNsw

"We who cut mere stones…" and **"within the overall structure…":** from the preface of Hunt, Andrew and David Thomas. *The Pragmatic Programmer: From Journeyman to Master.* New York: Addison-Wesley Professional, 1999.

深度智人

"I'll live the focused life…": from page 14 of Gallagher (2009).

第二部分　准则

准则 1

Hoffman, W., R. Baumeister, G. Förster, and K. Vohs. "Everyday Temptations: An Experience Sampling Study of Desire, Conflict, and Self-Control." *Journal of Personality and Social Psychology* 102.6 (2012): 1318-1335.

"Desire turned out to be the norm, not the exception…": from page 3 of Baumeister, Roy F., and John Tierney. *Willpower: Rediscovering the Greatest Human Strength.* New York: The Penguin Press, 2011.

"taking a break from [hard] work…": Ibid., 4.

Original study: Baumeister, R., E. Bratlavsky, M. Muraven, and D. M. Tice. "Ego Depletion: Is the Active Self a Limited Resource?"

Journal of Personality and Social Psychology 74 (1998): 1252 – 65.

选定你的深度哲学

"What I do takes long hours of studying…" and **"I have been a happy man…"**: from Donald Knuth's web page: http://www-cs-faculty. stanford.edu/~uno/email.html

"Persons who wish to interfere with my concentration…": from Neal Stephensen's old web site, in a page titled "My Ongoing Battle with Continuous Partial Attention," archived in December, 2003: http:// web.archive.org/web/20031231203738/http://www.well.com/~neal/

"The productivity equation is a non-linear one…": from Neal Stephensen's old web site, in a page titled "Why I'm a Bad Correspondent," archived in December, 2003: http://web.archive.org/web/20031207060405/ http://www.well.com/~neal/badcorrespondent.html

Stephensen, Neal. *Anathem*. New York: William Morrow, 2008.

For more on the connection between Anathem and the tension between focus and distraction, see the following interview: "Interview with Neal Stephensen," published on GoodReads.com in September, 2008: http://www.goodreads.com/interviews/show/14.Neal_ Stephenson

"I saw my chance…": from the (Internet) famous "Don't Break the Chain" article by Brad Isaac, writing for *Lifehacker.com*: http:// lifehacker.com/281626/jerry-seinfelds-productivity-secret

"one of the best magazine journalists…": http://www.lrb.co.uk/v14/ n20/christopher-hitchens/touch-of-evil

Isaacson, Walter and Evan Thomas. *The Wise Men: Six Friends and the World They Made*. New York: Simon and Schuster Reissue Edition,

2012. (The original version of this book was published in 1986, but it was recently republished in hardcover due presumably to Isaacson's recent publishing success.)

"richly textured account" and **"fashioned a Cold War Plutarch":** from the excerpts of reviews of Walter Isaacson's *The Wise Men* that I found in the book jacket blurbs reproduced on Simon and Schuster's official web site for the book: http://books.simonandschuster.com/The-Wise-Men/Walter-Isaacson/9781476728827

习惯化

"every inch of [Caro's] New York office..." and **"I trained myself..."** and other details about Robert Caro's habits: Darman, Jonathan "The Marathon Man," *Newsweek*, February 16, 2009, which I discovered through the following post on Mason Currey's *Daily Routines* blog: http://dailyroutines.typepad.com/daily_routines/2009/02/robert-caro.html

The Charles Darwin information was brought to my attention by the following *Daily Routines* post: http://dailyroutines.typepad.com/daily_routines/2008/12/charles-darwin.html

This post, in turn, draws on *Charles Darwin: A Companion* by R.B. Freeman, accessed by Currey on The Complete Work of Charles Darwin Online.

"There is a popular notion that artists...": from the following *Slate.com* article: http://www.slate.com/articles/arts/culturebox/features/2013/daily_rituals/john_updike_william_faulkner_chuck_close_they_didn_t_wait_for_inspiration.html

"[Great creative minds] think like artists...": from the following *New*

York Times op-ed: http://www.nytimes.com/2014/09/26/opinion/ david-brooks-routine-creativity-and-president-obamas-un-speech. html?_r=1

"It is only ideas gained from walking that have any worth": This Nietzsche quote was brought to my attention by the excellent book on walking and philosophy: Gros, Frédérick *A Philosophy of Walking*. Trans. John Howe. New York: Verso Books, 2014..

要有大手笔

Details regarding J.K. Rowling working at the Balmoral Hotel: http:// www.telegraph.co.uk/news/celebritynews/2437835/Harry-Potter-fans-pay-1000-a-night-to-stay-in-hotel-room-where-JK-Rowling-finished-series.html

"As I finished writing Deathly Hallows **there came a day…"**: from the transcript of Rowling's 2010 interview with Oprah: http://www. harrypotterspage.com/2010/10/03/transcript-of-oprah-interview-with-j-k-rowling/

For more on Bill Gates's Think Weeks: http://online.wsj.com/news/ articles/SB111196625830690477?mg=reno64-wsj

"it's really about two and a half months…": from the following author interview: http://www.identitytheory.com/alan-lightman/

Michael Pollan's book about building a writing cabin: Pollan, Michael. *A Place of My Own: The Education of an Amateur Builder*. New York: Random House, 1997.

For more on William Shockley's scramble to invent the junction transistor: http://www.pbs.org/transistor/background1/events/ junctinv.html

"'ohh! Shiny!' DNA...": from a blog post by Shankman: http://shankman.com/where-s-your-home/

"The trip cost $4000...": from an interview with Shankman: http://www.marketwatch.com/story/entrepreneurs-superpower-for-some-its-adhd-1310052627559

不要独自工作

The July 2013 *Business Week* article titled "Ending the Tyranny of the Open Office Plan" : http://www.businessweek.com/articles/2013-07-01/ending-the-tyranny-of-the-open-plan-office (This article has more background on the damage of open office spaces on worker productivity).

The 2800 number cited about Facebook's open office size was taken from the following March 2014 *Daily Mail* article: http://www.dailymail.co.uk/sciencetech/article-2584738/Now-THATS-open-plan-office-New-pictures-reveal-Facebooks-hacker-campus-house-10-000-workers-ONE-room.html

"fosters communication and idea flow...": Konnikova, Maria. "The Open-Office Trap." *The New Yorker*. January 7, 2014. http://www.newyorker.com/business/currency/the-open-office-trap

"open plan is pretty spectacular...": http://www.slate.com/articles/business/psychology_of_management/2014/05/open_plan_offices_the_new_trend_in_workplace_design.1.html

"we encourage people to stay out in the open...": http://www.forbes.com/sites/ericsavitz/2012/10/17/jack-dorsey-the-leadership-secrets-of-twitter-and-square/3/

The *New Yorker* quotes about Building 20, as well as general background and lists of inventions, come from the following 2012 *New Yorker* article, combined to a lesser degree with the author's firsthand experience with such lore while at MIT: http://www.newyorker.com/magazine/2012/01/30/groupthink

"Traveling the hall's length..." and the information on Mervin Kelly and his goals for Bell Labs's Murray Hill campus: http://www.nytimes.com/2012/02/26/opinion/sunday/innovation-and-the-bell-labs-miracle.html

A nice summary history of the invention of the transistor can be found at PBS's web site: http://www.pbs.org/transistor/album1/. A more detailed history can be found in Chapter 7 of Walter Isaacson's 2014 book, *The Innovators*.

像经商一样执行

"How do I do this?": from pages xix – xx of Chris McChesney, Covey, Sean., and Huling, Jim. *The 4 Disciplines of Execution.* New York: Simon & Schuster, 2004.

Clayton Christensen also talks more about his experience with Andy Grove in the following 2010 *Harvard Business Review* article, "How Will You Measure Your Life," that he later expanded into a book of the same name: **http://hbr.org/2010/07/how-will-you-measure-your-life/ar/1**

"the more you try to do...": from page 10 of McChesney, et al. (2004).

"if you want to win the war for attention...": David Brooks, "The Art of Focus," appeared in *The New York Times* on June 3, 2013. Available online:

http://www.nytimes.com/2014/06/03/opinion/brooks-the-art-of-focus.

html?hp&rref=opinion&_r=2

"when you receive them...": from page 12 of McChesney, et al. (2004).

"people play differently when they're keeping score...": Ibid., 12.

"A rhythm of regular and frequent meetings" and **"execution really happens"**: Ibid., 13.

图安逸

"I'm not busy..." and **"Idleness is not a vacation..."**: Krieder, Tim, "The Busy Trap," appeared online at on June 30, 2013: http://opinionator.blogs.nytimes.com/2012/06/30/the-busy-trap/

Much (though not all) of the research cited to support the value of down time was first brought to my attention through the following detailed *Scientific American* article on the subject: **http://www.scientificamerican.com/article/mental-downtime/**

"The scientific literature has emphasized...": from the abstract of Dijksterhuis, Ap, et al. "On Making the Right Choice: The Deliberation-Without-Attention Effect." *Science* 311.5763 (2006): 1005-1007.

The Attention Restoration Therapy study described in the text: Berman, Marc G., John Jonides, and Stephen Kaplan. "The Cognitive Benefits of Interacting with Nature." *Psychological Science* 19.12 (2008): 1207-1212.

I called this study "frequently cited" based on the over 400 citations identified by Google Scholar as of November, 2014.

An online article where Berman talks about this study and ART more generally (the source of my Berman quotes): http://www.huffingtonpost.ca/marc-berman/attention-restoration-theory-nature_

b_1242261.html

Kaplan, Rachel and Stephen Kaplan. *The Experience of Nature: A Psychological Perspective.* Cambridge, UK: Cambridge University Press,1989.

Ericsson, K. A., R. T. Krampe, and C. Tesch-Römer. "The Role of Deliberate Practice in the Acquisition of Expert Performance." *Psychological Review* 100.3 (1993). 363-406.

"committing to a specific plan for a goal...": from Masicampo, E. J., and Roy F. Baumeister. "Consider It Done! Plan Making Can Eliminate the Cognitive Effects of Unfulfilled Goals." *Journal of Personality and Social Psychology* 101.4 (2011): 667.

准则2

My estimate of "hundreds of thousands" daily Talmud studiers comes from this article by Shmuel Rosner: http://latitude.blogs.nytimes.com/2012/08/01/considering-seven-and-a-half-years-of-daily-talmud-study/, as well as my personal correspondence with Adam Marlin.

"so we have scales that allow us to divide..." and **"the people we talk with continually said..."**: Clifford Nass's May 10, 2013 interview with Ira Flatow, on NPR's "Talk of the Nation: Science Friday" show. Audio and transcript are available online: http://www.npr.org/2013/05/10/182861382/the-myth-of-multitasking. In a tragic twist, Nass died unexpectedly just six months after this interview.

不要不断分心，而要不断专注

Powers, William. *Hamlet's Blackberry: Building a Good Life in a Digital*

Age. New York: Harper, 2010.

"do what Thoreau did...": http://www.pbs.org/newshour/bb/science-july-dec10-hamlets_08-16/

像罗斯福一样工作

The general information about Theodore Roosevelt's Harvard habits comes from Edmund Morris' fantastic biography: Morris, Edmund. *The Rise of Theodore Roosevelt*. New York: The Modern Library Edition, Random House, 2001. In particular, pages 61 – 65 includes Morris' catalog of Roosevelt's collegiate activities and an excerpt from a letter from Roosevelt to his mother that outlines his work habits. The specific calculation that Roosevelt dedicates a quarter of his typical day to schoolwork comes from page 64.

"amazing array of interests...": from page 64 of Morris (2001).

The positive receipt of Roosevelt's book by the *Nuttall Bulletin* comes from Morris's end notes: in particular, Note 37 in the chapter titled, "The Man with the Morning in his Face."

"one of the most knowledgeable...": from page 67 of Morris (2001). I ascribed this assessment to Morris, though this is somewhat indirect, as Morris here is actually arguing that Roosevelt's father, after the publication of *The Summer of the Adirondacks*, must have felt this about his son.

"the amount of time he spent at his desk...": from page 64 of Morris (2001).

记住一副牌

Quotes from Daniel Kilov came from personal correspondence. Some background on his story was taken from his online biography http://

mentalathlete.wordpress.com/about/ and the following article: http://www.smartplanet.com/blog/global-observer/in-melbourne-memory-athletes-open-up-shop/. More on Kilov's scores (memory feats) from his two medal-winning championship bouts can be found here: http://www.world-memory-statistics.com/competitor.php?id=1102

Foer, Jonathan. *Moonwalking with Einstein: The Art and Science of Remembering Everything.* New York: Penguin, 2011.

"We found that one of the biggest differences…": Carey, Benedict. "Remembering, as an Extreme Sport." *New York Times* Well Blog. 19 May 2014.

For more interesting connections between memorization and general thought, see: *The Art of Memory*, by Frances A. Yates, which first published in 1966. The most accessible version seems to be the handsome 2001 reprint by The University of Chicago Press.

准则 3

"the most connected man in the world…" and **"I was burnt out…"** and **"by the end of that first week"** and **"the end came to soon"** and general information about Baratunde Thurston's experiment: from the Baratunde Thurston article, "#UnPlug," that appeared in the July/August 2013 issue of *Fast Company*. It is also available online at: http://www.fastcompany.com/3012521/unplug/baratunde-thurston-leaves-the-internet.

The reference to Thurston's Twitter usage refers to the tweets on March 13, 2014 from the Twitter handle @Baratunde.

"entertainment was my initial draw" and **"[When] I first joined"** and

"[I use] Facebook because": drawn from comments sections of the following two blog posts I wrote in the fall of 2013:

- http://calnewport.com/blog/2013/10/03/why-im-still-not-going-to-join-facebook-four-arguments-that-failed-to-convince-me/
- http://calnewport.com/blog/2013/09/18/why-i-never-joined-facebook/

For more on Forrest Pritchard and Smith Meadows Farms: http://smithmeadows.com/

在你的网络使用习惯中采用关键少数法则

"Who says my fans want to hear from me": from a Malcolm Gladwell talk which took place at the International Digital Publishing Forum as part of the 2013 BookExpo America Convention, held in May of 2013, in New York City. A summary of the talk, including the quotes excerpted in this chapter, and some video excerpts, can be found at: http://www.huffingtonpost.com/2013/05/29/malcolm-gladwell-attacks-_n_3355041.html

"I don't tweet…" and **"it's amazing how overly accessible…":** from the following Michael Lewis interview: http://www.thewire.com/entertainment/2010/03/michael-lewis-what-i-read/20129/

"Twitter is crack for media addicts…": from an online opinion piece written for the *New Yorker* website: http://www.newyorker.com/online/blogs/georgepacker/2010/01/stop-the-world.html

"And now, nearly a year later…": from an article written by Carr for the *New York Times* in March, 2010: http://www.nytimes.com/2010/01/03/weekinreview/03carr.html

The Law of the Vital Few is discussed in many sources. Richard Koch's

1998 book, The *80/20 Principle* (New York: Crown, 1998) seems to have helped reintroduce the idea to a business market. Tim Ferriss' 2007 mega-seller, *The Four-Hour Workweek* (New York: Crown, 2007), popularized it further, especially among the technology entrepreneur community. The Wikipedia page on *The Pareto Principle* has a good summary of various places where this general idea applies (I drew many of my examples from here): http://en.wikipedia.org/wiki/Pareto_principle

戒掉社交媒体

"Everything's more exciting when it's a party..." and general information on Ryan Nicodemus's "packing party": http://www.theminimalists.com/21days/day3/

Average number of Twitter follower statistic comes from: http://www.telegraph.co.uk/technology/news/9601327/Average-Twitter-user-is-an-an-American-woman-with-an-iPhone-and-208-followers.html.

Take this statistic with a grain of salt. A small number of Twitter users have such a large following that the average skews high. Presumably the median would be much lower. But then again, both statistics include users who signed up just to try out the service or read tweets, and who made no serious attempt to ever gain followers or write tweets. If we confined our attention to those who actually tweet and want followers, then the follower numbers would be higher.

不要用网络来消遣

"Take the case of a Londoner who works..." and **"great and profound mistake..."** and **"during those sixteen hours he is free..."** and

"What? You say that full energy...": from Bennett, Arnold. *How to Live on 24 Hours a Day*. Originally published in 1910. This book is out of copyright. My quotes came from the free version of the text maintained in HTML format at Project Guttenberg (which lacks page numbers to cite): http://www.gutenberg.org/files/2274/2274-h/2274-h.htm

准则 4

"People should enjoy the weather in the summer..." and general notes on Jason Fried's decision to move 37 Signal (now, Basecamp) to a four-day workweek: https://signalvnoise.com/posts/3186-workplace-experiments-a-month-to-yourself

"Packing 40 hours into four days...": from a *Forbes.com* critique of Fried: www.forbes.com/2008/08/18/careers-leadership-work-leadership-cx_tw_0818workweek.html

"The point of the 4-day work week is..." and **"Very few people work even 8 hours a day..."**: from Fried's response on his company's blog: http://signalvnoise.com/posts/1209-forbes-misses-the-point-of-the-4-day-work-week

"I'd take 5 days in a row...": from Fried's company's blog: https://signalvnoise.com/posts/3186-workplace-experiments-a-month-to-yourself

"How can we afford to...": from an *Inc.com* article: http://www.inc.com/magazine/201209/jason-fried/why-company-a-month-off.html

The notes on how many hours a day of deliberate practice are possible come from page 370 of the following paper: Ericsson, K. A., R. T.

Krampe, and C. Tesch-Römer. "The Role of Deliberate Practice in the Acquisition of Expert Performance." *Psychological Review* 100.3 (1993): 363-406.

一天的每一分钟都要做好计划

The statistics about British TV habits comes from this Guardian article, by Mona Chalabi, published on October 8, 2013: http://www.theguardian.com/politics/reality-check/2013/oct/08/spend-more-time-online-or-watching-tv-internet

The Laura Vanderkam article in the *Wall Street Journal*: http://online.wsj.com/news/articles/SB124355233998464405

"I think you far understate...": from Comment #6 of the following blog post: http://calnewport.com/blog/2014/08/08/deep-habits-plan-your-week-in-advance

下午 5 点半之前结束工作

"Scary myths and scary data abound..." and general information about Radhika Nagpal's fixed schedule productivity habit: http://blogs.scientificamerican.com/guest-blog/2013/07/21/the-awesomest-7-year-postdoc-or-how-i-learned-to-stop-worrying-and-love-the-tenure-track-faculty-life/

Matt Welsh's quote about typical travel for junior faculty: http://matt-welsh.blogspot.com/2014/08/the-fame-trap.html

The issue of *Science* where Radhika Nagpal's work appears on the cover: http://www.sciencemag.org/content/343/6172.toc; *Science* 343.6172 (14 February 2014): 701-808.

变得不容易联系到

To see my sender filters in action: http://calnewport.com/contact/

"we are slowly eroding our ability to explain…": from page 13 of Freeman, John. *The Tyranny of Email: The Four-Thousand-Year Journey to Your Inbox.* New York: Scribner, 2009.

"so, when I emailed Cal to ask if he…": http://99u.com/articles/7002/stop-the-insanity-how-to-crush-communication-overload

"at some point, the number of people reaching out…" and more details on Clay Herbert and Antonio Centeno's filters: http://www.forbes.com/sites/michaelsimmons/2014/06/24/open-relationship-building-the-15-minute-habit-that-transforms-your-network/

Notice, this Forbes.com article also talks about my own sender filter habit (I suggested the name "sender filter" to the article's author, Michael Simmons, who is also a long time friend of mine).

See Antonio's filters in action: http://www.realmenrealstyle.com/about/

"Develop the habit of letting small bad things happen…": from Tim Ferriss' blog: http://fourhourworkweek.com/2007/10/25/weapons-of-mass-distractions-and-the-art-of-letting-bad-things-happen/

结论

"I can still see him…": from the following article for the *Harvard Gazette*: http://news.harvard.edu/gazette/story/2013/09/dawn-of-a-revolution/

"the one trait that differentiated [Gates from Allen] was focus…": Isaacson, Walter. *The Innovators.* New York: Simon & Schuster, 2014. The quote from above came from 9:55 into Chapter 6 of Part 2 in the unabridged Audible.com audio version of the book.

The details of the Bill Gates story came mainly from the above-cited

Harvard Gazette article, which Walter Isaacson excerpted (with modification) from the above-cited *Innovators* book. I also pulled some background details, however, from Stephen Manes excellent 1994 business biography. Manes, Stephen. *Gates: How Microsoft's Mogul Reinvented an Industry—and Made Himself the Richest Man in America*. New York: Doubleday, 1992.

Newport, Cal. *So Good They Can't Ignore You: Why Skill Trumps Passion in the Quest for Work You Love*. New York: Business Plus, 2012.

You can find a list of my computer science publications, organized by year, at my academic web site: http://people.cs.georgetown. edu/~cnewport. The publications from my year of living deeply are listed under 2014. Notice that theoretical computer scientists, like myself, publish mainly in competitive conferences, not journals, and that we tend to list authors alphabetically, not in order of contribution.

"I'll live the focused life..." from page 14 of Gallagher (2009).

© 民主与建设出版社，2023

图书在版编目（CIP）数据

深度工作：如何有效使用每一点脑力 /（美）卡尔
·纽波特著；宋伟译. -- 北京：民主与建设出版社，
2023.9（2024.6重印）
书名原文：Deep work
ISBN 978-7-5139-4323-9

Ⅰ.①深… Ⅱ.①卡… ②宋… Ⅲ.①工作方法
Ⅳ.①B026

中国国家版本馆 CIP 数据核字（2023）第 168407 号

This edition published by arrangement with Grand Central Publishing,
New York, New York, USA. All rights reserved.

中文简体版权归属于银杏树下（上海）图书有限责任公司。

版权登记号：01-2023-5042

深度工作：如何有效使用每一点脑力
SHENDU GONGZUO RUHE YOUXIAO SHIYONG MEIYIDIAN NAOLI

著　　者	[美]卡尔·纽波特	
译　　者	宋　伟	
出版统筹	吴兴元	
责任编辑	郝　平	
特约编辑	舒亦庭　王　頔	
封面设计	陈威伸	
营销推广	ONEBOOK	
出版发行	民主与建设出版社有限责任公司	
电　　话	（010）59417747　59419778	
社　　址	北京市海淀区西三环中路 10 号望海楼 E 座 7 层	
邮　　编	100142	
印　　刷	北京盛通印刷股份有限公司	
版　　次	2023 年 9 月第 1 版	
印　　次	2024 年 6 月第 3 次印刷	
开　　本	889 毫米 × 1194 毫米　1/32	
印　　张	9.25	
字　　数	166 千字	
书　　号	ISBN 978-7-5139-4323-9	
定　　价	52.00 元	

注：如有印、装质量问题，请与出版社联系。